アメリカ合衆国における宗教の諸相

Isabella L. Bird
The Aspects of Religion in the United States of America

イザベラ・バード
高畑美代子・長尾史郎 訳

中央公論事業出版

アメリカ合衆国における宗教の諸相

目次

アメリカ合衆国における宗教の諸相

Isabella Lucy Bird

The Aspects of Religion in the United States of America

1859

第一章　はじめに

アメリカにおける「大復興」は今やすべての方面の人々から事実として認知されている。いろいろの「誇張」と「熱狂」の熱い色づけをそれぞれ適宜考慮した後だが、今日の現象の中で最も注目に値するものとして認められていることは、私の合衆国滞在中のこの一八ヵ月の間に聖霊《ホーリィ・スピリット》の影響は他のいかなる国や時代における程度をも凌駕して感じられたということだ。それを否定するということはアメリカにおける最も啓発され冷静な心の人たちの中に同時的に見られる証言を盲目的に拒絶することになろう。この宗教復興は、福音の勝利を切望し、プロテスタント・キリスト教の拡大の中に普遍的な兄弟愛の真の芽ばえを認めるすべての教派のクリスチャンの間でまだ深い関心を惹き、それは自然に（イギリスから見て）大西洋の向こう側の諸教会の状態、および、我々自身のものと大きく異なる諸特性を持つ国における宗教一般の状況への探究心を引き起こす。以下のような疑問は多くの人の心に萌すものだ——すなわち、合衆国における宗説教の外的世界への影響とはなにか？　奴隷制度に対する教会の姿勢はいかなるものか？　宗教の一般的形式はどのようなものか？　国家的教育機構の実践的運営はどのようなものか？　宗教復興は、どの程度まで諸システムの遂行の影響があるとみなすべきか？――その他多くの疑問である。またイギリスにおいても、アメリカが提起する多くの不調和の調停に対する無能力が認められる。例えば篤《あつ》い信仰と奴隷制度の罪への無非難との共存、広範な宗教の影響と政治的腐敗の広がりの共存、ワシントンの陪審員による正しい道徳基準とシックルズ[1]の無罪放免、神学の高い正統的諸基準を持つ諸教会と誤謬《ごびゅう》および不信心の横行の共存、教育の完全なシステムと、馬鹿げきった迷信・狂信との共存だ。現代のいかなる時代におけるより多い豊富な改宗のリヴァイヴァルと共に目撃された非合法の行為と過ちは、暗黒時代の真っただ中においてさえ、いかなる共同体にとっても不名誉であったことだろう。

すべての思考する心を持つ人々にとって、強大なプロテスタント国家の宗教の状況の調査は大いなる関心がある。それは宗教的に重要であるとともに政治問題でもある。というのは、宗教と、その所産であるあの純粋な道徳性が、他のいかなる抑制に服従することも望まない人々に及ぼす影響にこそ、アメリカが将来の歴史で演じる運命にある役割の特性が依存するだろうからだ。アメリカの宗教を主題とする大調査の幾つかの大きな仕事はこの数年間[2]に数多く書かれ、価値ある情報に満ちている。しかしそれらは一般の読者の領域に届くにはあまりに分量が多く、あまりに哲学的である。通読にほとんど二時間かからないであろうこの本の制限の中で、私はアメリカの宗教の諸相、つまり諸教会の状況とその境界外の世界への影響を再吟味しようとしている。すなわち、その本性《ほんせい》が要求するところの率直な精神における主題を検証しようとするものだ。これはより古い国家に諸教会が及ぼしているかもしれない長所を軽視もしないし、注意深い点検が私たちに強いて気付かせるであろう短所を言い繕おうとするものでもない。遺憾に思う点は、アメリカに対していまだに若干の偏見が存在していることである。古いねたみが埋葬され、より大きな信頼とより包括的な救済の中に、子どもたちが父祖たちの分離を忘れる時は熟しているのである。以下の章が依拠するデータは私がつい先ごろ戻ってきたばかりの合衆国での一年以上の滞在期間に入手したもので、統計上の正しい情報をロバート・ベアード[3]のアメリカの宗教についての著作に多くを負っていることをおことわりしておく。

第二章　合衆国の地域的諸特性

アメリカの地域的諸特性を知悉《ちしつ》するだけの時間的ゆとりを持たないでしまった人たちに主題をもっと面白く分かり易くするために、若干の説明的な評言によって紹介する必要がある。

アメリカは、いかなる意味においても、一個の全体とみなすことはできない。アメリカはハドソン湾地域の刺激的な空気と熱帯の無気力な雰囲気とを持ち、それぞれがこの国の住民のさまざまな人種にその影響を及ぼしている。地上の全緯度で生産される植物的産物と全世界の豊富な鉱物資源が国土内に見出され得る。国境内でかつてローマが強いて従わせた以上に多くの言語が話されている。かつて同じひとつの旗の下に出会ったより多くの人種がこの国の旗の下に集まっている。アメリカ発見の時代から下ってこの方、この国は、それぞれが多かれ少なかれその刻印を押した多くの国々からの多くの宗教的、政治的脱出者の終着点となっている。この国に対して、古い世界の「抑圧された諸国民」の視点は永続的に向けられており、アメリカを未来の帝国としてその宿命を認識している。諸国民の自由が、圧倒的な軍によるだけではなく、諸制度の死重《デッド・ウェイト》によっても押しつぶされ、また何世紀にもわたって積み上げられ、いかに崇高なものであれ瞬間の情熱では破壊できないだろう慣習、偏見が重くのしかかるときには、熱狂のときは、より向上心に燃える精神が本能的に合衆国の岸辺《きしべ》を探し求め、彼ら自身の理論を伝統的諸概念の災厄的影響によって歪められることなく実行する自由という考えに狂喜した。アメリカに最も深い印《しるし》を残したのは、厳しい受苦の学校において、彼ら自身および互いに対する彼らの責任という感覚を学んだ人々であり、自らの良心の命令に従って神を崇拝する自由という人間の奪うことのできない権利を手に入れるために自ら本国を捨てた人々であった。

他には、封建的帝国の形成を考えて移出した人々がいるし、また禁止された政治理論の実行を追求する人々があり、忍耐強いオランダ人、移り気なフランス人、不屈のイギリス人、厳格なスコットランド人がいて、新世界で文明の先頭に立って率《ひき》いた。アメリカの植民の歴史を通読することは読者にとって豊富な見返りがあるであろうし、現在では説明不可能と見えることの多くを理解することの鍵となろう。

部分的にはこのような初期のいろいろの差異のゆえに、イギリスに存在する均質性が欠けている——イギリスでは、それぞれの部分が同じ規則と標準によって計測され、またそこでは宗教の型は国教会の存在と影響によって大体において形成される。私たちはアメリカという国家は主権を有する諸州の恐ろしく大きいひとつの連合で、各州に知事、憲法、法律が存在し、かつその内政に関する限りワシントンの連邦政府から完全に独立であるとみなしているからである。これらの諸州は異なった時期に、異なった人種、慣習、信教を持つ人々によって植民あるいは定住されたこと、各地域はその建国者たちの諸原理の刻印を引き続き帯びているということが、アメリカにおける宗教の状態の包括的な見通しのようなものを非常に難しくしている。合衆国を、北部、南部、西部というその自然の三大区分に従って分割すれば、読者を主題のかなり正しい認識へと導くのを助けるだろう。これら三地域に加えて、「帝国の版図《エンパイアマーチ》」[4]を考えると、「極西部《ファー・ウェスト》」への短い覚書（第八章）を付け加えるのが望ましいだろう。これらのそれぞれに対して諸状況が諸特性と独自性を刻印し、そのことがこれらの区分のどのひとつをとっても存在する宗教の様相に永続的に色合いと変容を与えている。

北部は概してニューイングランド六州、ニューヨーク、ニュージャージー、ペンシルヴァニアの諸州が含まれるが、真の北部すなわちニューイングランドの支配的な諸特性にこそ私はこれから特に言及するつもりである。一六二〇年にプリマス・ロック[5]に上陸した敬虔な人々の痕跡はいまだに認められる。これらすべての開拓者たちは信仰を明言し、ほんのわずかの例外を除いて、信仰告白の栄誉を負い、現世での強大化を超えるものとして神の栄光を認めている。第二のそしてさらに重要なニューイングランド植民地は一六二八年に高貴なマサチューセッツ湾（ヘンリー・チューダー『北アメリカ旅行談』）に設立されたが、これは良心のために旧世界で苦しむ人々の避難所を用意し、新世界にキリストの王国を拡大するという明白な目的のためであった。これらの人々は英国教会のメンバーであったが、清教徒《ピューリタン》たちにそんなに遅れていなかった、というのは、落日のより近くに、本国ではのけ者にされていた平安を楽しめるかもしれないと聞いたからだった。イギリスが送り出した最も高貴な移民たちは九〇〇人から成り、国で最も純粋な人たちの一人であるジョン・ウィンスロップ[6]に指揮されて一六三〇年にマサチューセッツに上陸した。これらの移民者たちの高められた敬神は若きウィンスロップ・ヤンガー[7]の言葉によって表される——「私は神の栄光を最も称えることのできるところを私の国と呼ぼう」と。彼らの多くは故国の財を犠牲にして、「豊かさの天国」から「欠乏の荒野」へとやってきた。そのとき彼らは英国教会から分離さえしていなかった。上陸のとき宗教的要求は他のすべてのことに優先し、手で作った教会ではなく、古来の原生林の木々の広がりの下でこそ、彼らは最初に神への礼拝の自由を打ち建て、それを子孫へと汚《けが》れなく伝えてきたのだった。神への畏れにおいて、また神の言葉を指針として、植民地建設から五年以内に一種の大憲章（イギリス、一二一五年）として働くべき憲章[8]を作定したが、それは正しい統治の基本的原則をすべて含み、人間にその高貴な諸権利を保証していた。その建設から一四年間で、政府は現在依拠しているのと同じその基盤上に据えられた。良心の自由を探し求める移民たちが急速にヨーロッパから到着し、先住民とは友好的な取り決めがなされ、神は力強く褒め称えられ、交易は増え、繁栄は新開地に微笑みかけた。そうしたものがマサチューセッツの「湾植民地《ベイ・コロニー》」の起源であって、この植民地はニューイングランドの他の開拓地への統制的な影響の行使というだけではなく、大西洋の岸から太平洋の岸へと興るはずの広大な帝国の全体へと影響を与える宿命を負っていた。

コネチカットのロードアイランド、ニューハンプシャー、メインの入植地はその一部が早くも一六二三年くらいから開始されて、プリマス湾の植民地《コロニー》から分かれて定住し、また一部はイギリスからの新たな到来者が入植した。設立者たちは、ロードアイランドの入植者たちを別にすれば、非常に似通った特性を持った人たちであった。ロードアイランドの中にはマサチューセッツの堅苦しい宗教の規則と実践を好まない人々もおり、他の植民地の厳格な道徳律を毛嫌いしてこちらへ流れて来た人たちもいた。他の移民の一団は、ただ「すべての者が聖書が提示した規則に従う」という盟約により、市民政府の基礎を建設しようという人々が率いてきた。宗教的教義の純粋さ、神の礼拝と栄光はこれらの企画の大いなる目的と宣言された。これらの植民地の組織体すべての中でプリマスの入植者たちのみが組合教会信者《コングリゲイショナリスト》である。これらの移民たちの宗教は優れて聖書の宗教である。それは彼らの信教のみならず市民法の根底をもなすものだからである。それは顕著にリベラルな教育システムに好都合な宗派であり、高度の諸目的を持った宗派であり、異教徒の改宗および神の真理が支配すべき帝国の建設という双子の目標を持っていた。彼らの宗教は、その後の発展と比べるとその理解がいかに不完全であったとしても、当時理解されていたような良心の自由を好んでいた。

以上のようなものが、手短かに言うとニューイングランドの入植地の歴史であり、これらの気高い心をもった清教徒《ピューリタン》たちの刻印は六世代にわたって伝えられて、いまだにどこでも認められるのだ。聖書に記されているのと同じく力強い独立性があり、同じように自由への屈服しない愛、同じく過ちに抵抗する精神、同じく道徳性と権利への継続した訴えがある。無気力にする南方性の気候によって引き起こされる怠惰と不道徳は知られていない。

最も辛抱強い勤労も、不承不承《ふしょうぶしょう》に人間に従う岩だらけの土壌から暮らしの糧を絞り出す以上のことはほとんどせず、かくして労働は生存条件であり、働くことによって全く品位を落とす者は誰もいない。ニューイングランドの法律は古い清教徒《ピューリタン》の規範に則って形成されており、非常に厳格である。「キリスト教徒の礼節に反して絹のガウンを着る」[9]ことに対して女性に罰金が科せられる法律条文はとうに時代遅れになっているにもかかわらず、その精神はヴァーモントやメインの山岳地帯では過去五年以内でもなかなか消えようとしなかった。地方においては、家族の結びつきと両親の権威への顕著な尊敬が認められ、これらの州全体にわたって伝統的に安息日の尊重が見られ、それは厳格に遵守されており、これと同等なのは多分スコットランドだけである。初期の入植者たちの特性はこのように顕著に保持されているが、それは部分的に港湾都市を除いて移入民への誘因の不足の結果である。そしてニューイングランドの多くの地域では、先祖によって何代にもわたり所有されてきた土地を家族で耕すという、進歩し変化する土地ではめったに目にすることのない光景が存在している。

組合教会制《コングリゲイショナリズム》はニューイングランドで一六四〇年ころに教会統治の「制度化された」形態となり、都市では監督教会《エピスコパリアン》の信徒その他の宗教的集会《コングリゲイション》が見られるものの、組合教会制《コングリゲイショナリズム》はいまだに全能であり、その統治形態と教義に多数の人々が非常に強く結び付いている。ニューイングランドにおける宗教の状態にさらに綿密に立ち入ると、意に満たない幾つかの事柄をみつけるだろう。しかし部分的にはこれらの州のいくらか孤立した位置のために——つまりそれは土壌と気候から生じたものだが——、しかし、主として初期の植民者たちの純粋な信教と廉直な——場合によっては不寛容だが——特性の影響のために、その道徳性に関わる限りでは、ニューイングランドは世界の中の最も汚れのない小部分である。

第二のアメリカの最も相反するとでも言うべき部分は、北部からも西部からも奴隷制度の強い区分線で分離されているのである。その特性は第一区分とは反対のものであり、どちら（北・西部の宗教）についても宗教の状態を判断できるいかなる規則もないここ（南部）には適用されないだろう。南部の重要な諸部分では、いまだ礼儀作法と思考慣習において廷臣と紳士たちの紛れもない刻印を帯びている。彼らの多くはふしだらな生活をおくり、初期の入植者であるが、他方、フランスからの入植によっている極南部の諸州では、フランス人の特性が明らかに示されている。ニューイングランドは清教徒《ピューリタン》の「円頂党員《ラウンド・ヘッド》」[10]の選ばれた逃げ込み場であり、自由への愛、平等な市民的諸制度、謙遜な礼儀をもったアングロ・サクソン人種によって定住されたとみなされ得るのに対して、南部はノルマン系の人々によって入植され、封建制度を貴族的に愛し、威厳と、振る舞いの優雅さを自ら誇っている。南部は「騎士《カヴァリエ》」の退却場となったが、彼らの宗教は当世風の生活の緩やかなものであり、これに対して「ラウンド・ヘッド」のそれは無邪気な娯楽さえ禁止しており、「肉の欲、目の欲、生活のおごり」(ヨハネの手紙一、二・一六)に対して妥協のない抵抗をさし向けた。

ヴァージニアはすべての入植期の中で最も早かった。イギリスから「ピルグリム・ファーザーズ」が出帆する一年前に、人々によって選ばれた州議会は監督教会《エピスコパル・チャーチ》[11]を設立した。宗教的要素が入植地の形成に幾分取り込まれたが、しかしそれは不寛容な要素であった。教区の礼拝への出席は厳しい罰則の下に要求され、聖餐式の礼拝は法的義務として負わされていた。クエーカー教徒、国教反対者《デセンターズ》(非国教徒)、ローマ宗徒《ロマニスト》(カトリック教徒)は州内の定住を禁じられ、出身地の国々でキリスト教徒ではなかった入植者はすべて奴隷の身分を宣告されたのだ！　立法者たちは猛烈に熱心な宗教家でクレーヴァーハウス[12]ないしはロード[13]と同じタイプだ。後のヴァージニアへの移民は非常に疑わしい性格のもので、一部には放縦な廷臣、評判を落としたり、絶望的財産の人たちがおり、彼らは自ら国外に立ち去って上陸した土地に行状の跡を残したのだ。

メリーランドはロード・ボルチモア[14]によって、迫害されたカトリック信者の避難所として植民されたが、広くすべてのキリスト教宗派のための信教の自由の基礎の上にたち、すべての部類のキリスト教徒に完全な信教の自由を保障する現代における最初の政府を有した。しかしながらこの州の政治的権力は、ローマ・カトリックから離れて久しい。ノースカロライナ[15]はヴァージニアからの移出民たちによって入植されたが、彼らの中にはその法律の不寛容さに耐えきれずに逃げ出して来た人たちもいる。イギリスからの清教徒《ピューリタン》たちとバルバドス（英領西インド諸島）からの移出民がこれに続いたが、しかし、宗教が注意を惹くようになったのは半世紀以上経ってからである。サウスカロライナは最初、雑多な群れによって植民されたが、後にはイギリスの不満を抱いている人々ないしは貧しくなった貴族たちのお気に入りの避難所になった。多くの国教反対者・非国教徒もまた彼らの知識と覚醒を持ってイギリスから出て行った。チャールズ二世[16]から南北両カロライナを得た仲間たちは、「福音の伝播への称賛すべきかつ敬虔な熱誠」によって動かされていると公言した。しかし真の宗教は彼らに負うところがほとんどあるいは全くなく、［王政］復古の宮廷の様式が南北カロライナ両州とヴァージニアの選良《エリート》によって保持されたのだ。ジョージアの入植地は心から彼の王（チャールズ一世）と教会（英国教会）に結びついていたカヴァリエ・スクールの紳士たるオグルソープ[17]によって最後に建設された。彼は混成の群衆をサヴァナ川[18]の低い河畔へと率いた。イギリスの刑務所からの貧しい債務者、ヘルンフート（ドイツ、ザクセン）からのモラヴィア教徒、スコットランド高地人、ドーフィネ（フランス南東部のかつての州）の陽のあたる斜面からの少数のフランス人などからなり、軽率、利得欲、迫害、不平不満、向こう見ず、野心が南部の開拓者諸州に蔓延した。これらの初期植民者たちの子孫が徐々に西部へと広がって行き、フランス人移民者の多くがメキシコ湾岸の一部を占めた。

　諸制度、思考の習慣、宗教的信条の安定性は南部の最も目立つ特性のひとつであり、どこでもあまりに放縦を極めるさまざまな主義《イズム》が入《はい》り込みを実現するのに失敗した。南部の法律と憲法はその原理と実際の両方で北部諸州のそれとは大いに異なっており、あの全能の制度への特別な連関を持って形成されたのだ——その制度は、ひとつの外来の人種（黒人）四〇〇万人を虜にしつつ、諸慣習、儀礼、道徳の全体を彩り、宗教の状態に対して最も重大な影響を与えている。南部には均質性があり、感情の一体性はアメリカの他のどこでも見つからないものだ。だが、その入植の諸状況から期待されるだろうように、ニューイングランドを特性づけるところの宗教の影響、法の厳格さ、道徳の純粋性は比較的に言って、見分けられない。教義の標準的な基準があり、——実際上では相互不一致は許容され、中世の騎士道と野蛮、礼儀作法の洗練と道徳の放縦、封建的な諸制度と民主的な政府、法の弱体と公論の横暴がある。

　私がニューイングランドと一緒に分類する中間にある諸州は一通りの注目に値する。

「帝国の州《エンパイア・ステイト》」[19]つまりニューヨークにはオランダ人が入植し、その後《のち》イギリス、フランス、ドイツ、イタリアのプロテスタントに避難所を提供した。アイルランド、イギリス、ドイツの移民の異常な駆け込みはオランダ的な特質を消してしまい、ニューヨークはいかなる目立った「国民性」も持たない。ニュージャージーはオランダ人とニューイングランドからの入植者が定住し、間もなく、かなり多くのスコットランドとアイルランドの移民を受け入れたが、彼らはすべてプロテスタントだった。同州は明確なニューイングランド的要素が刻印され、人々は概《おおむ》ね知的で高潔である。重要な州であるペンシルヴァニアは一六八二年にウィリアム・ペン[20]によって植民された。彼の一隊はクエーカー教徒から成るものであったが、入植地設置の基礎となった限界のない信教の自由の原理は、ただちに同州をありとあらゆる信条の人々の頼みの綱とした。クエーカー教徒は今や同州では少数者でしかないが、その静かな影響はどこにでも表れている。調和と静謐がこの地域の出来事に印しつけられている。いかなる迫害や不寛容もその法令全書を汚《けが》したことはない。その設立者たちの特色である徳行と道徳性が、いまだに混合された住民の上に顕著に支配権を振るっている。それは連邦の中で最も繁栄し、静かに進歩する州のひとつであり、この繁栄は、同州の基礎付けがそこに置かれている聖書の宗教に大いに負うものであることはほとんど疑いを容れる余地はない。西部は、ウィスコンシン、イリノイ、ミシガン、オハイオ、ミシシッピ東岸のインディアナ、アイオワとミネソタの古い部分から成るが、それ自体独特の特徴を有する。それは、その酵母を構成するニューイングランドからの神を恐れる家族たちが、一部は北部諸州の冒険心に富んだ若者たちの流れ出しが、一部分はイギリスからの無学の移出民が、一部分はドイツからの深く考え勤勉な群集が、部分的には全ヨーロッパと全アメリカの改宗した流出者が入植したのだった。彼らはより定着したコミュニティでは決して手にすることのできない宗教と道徳の束縛からの自由を新しい国に探し求めるのだ。嬉しいことに、清教徒《ピューリタン》の子孫の影響はこの不均質の塊を発酵させ、一定程度まで、宗教と秩序の外にあるものが支配している。

西部ではアメリカの真の特質《ジニアス》が識別され得る。すべての国民が創設の坩堝《るつぼ》の中に置かれ、アメリカ人が現れ出る。西部にはその広大さゆえに限りない空間が広がり、すべての諸国民の力強い要素が出会う。起業、勇敢な独立と不屈の忍耐の精神をもった実際の運動のリーダーであるアングロ・サクソン人、探究精神と不屈の勤勉さを有する思想運動における独特の指導者であるドイツ人、その人種の衝動的快活さを持つケルト人、スカンジナビア人、オランダ人、スペイン人、イタリア人、これらすべてが集合するところでは、未開拓地の住人の手斧は文明化の戦斧《トマホーク》であり、創造のために過去の諸時代の進歩の結果を破壊することなく世界史の新時代を開始するための自由の原理の抗《あらが》い難い誘因によって共に導かれていた。世界のすべての社会的、民族的構成要素が西部では現れる。社会の各々の国民、各々の信条、各社会階級が、そこから新世界の偉大なる国家が成長してくることになるその混成に応分の貢献をした。アングロ・サクソン人種が優勢を維持しているのは本当であるが、しかしそれは他の民族的要素を吸収してというより融合することによってなのだ。それらは互いに修正・変形しあっている。だが、その融合力をその源まで辿って調査するとき、我々はそれを〈プロテスタント・キリスト教〉に見出すのだ。

ミシシッピのさらに西は「極西」（ミシシッピ川以西、太平洋岸まで）つまり文明の境界地帯である。ここではすべての民族、教条、言語が異成分から成るひとつの連邦へと集められている。安定性の諸要素はどこにも見当たらない。モルモン教をはじめとしてすべての教条はその信者を有し、すべての教会がその宣教師を有している。生み落とされた新たな理念はどれも、直ちに適度な土壌に根を張る。そして、諸々の教条《イズム》の混沌はあまりに大きいので、そこで、他のどこでもと同じく人間の心が引き続き提出し続ける質問、つまり「真実とは何か」（ローマ総督ピラトのキリストに対する尋問――ヨハネによる福音書一八・三八）に答えるには、偉大な教師（キリスト）以外には困難であるように思われる。「極西部」では継続的な進歩つまり増大する前進がある。古いシステムが打ち捨てられるのは、新しいものが空虚を満たすべく考え出される前なのだ。法は無力であり、社会の安全装置であるような諸抑制は、ある程度、未知であった。それは沸き返っている激動の様態で、その様相は海岸のない荒海だった。そこでは社会は根源の要素へと分解されている。これらの遥かなる領土が組織され、法と秩序がその至上権を主張し得るまでは、ただ宗教の影響のみが西方へとさらなるスピードで移動する。そしてその大波が今なお西部の平原をはるかに越え、ロッキー山脈を登り、太平洋の海岸へと砕け散っている人間集団の膨大なうねりを抑制するためにすがり得るもののすべてなのだ。

このように、アメリカの地域的諸特性は、北部諸州では、自由を、そして何ものにもまして自由を求めた厳格な徳の結果であった。その徳において、始祖の清教徒《ピューリタン》の民主主義はプリマス・ロックにその厳格な旗印を掲げたのであった。南部諸州は、りっぱな商人たちの移入と貴族的野心ある男たちの結果であり、西部諸州はヨーロッパとアメリカの社会のたゆみない冒険心と起業家的な要素が、無際限の空間で、天国の空気のように自由な諸制度の只中で出会ったことの結果である。

第三章　合衆国の教会[原注1]

前章で、アメリカの三大地域の若干の主な特質を概観したが、各々の地域における宗教の影響の性格がそれぞれ大いに異なってくるような状況が存在していることを示している。これらの地域的差異はイギリスではほとんど理解されていず、アメリカは、それを構成する諸部分のどれかひとつの外見上の状態によって、ひとつの〈全体〉として判断される。かくて共和国の状態を好意的に見なしたい気分になっている人々はその限界のない広大な土地の宗教状況を、安息日を遵守し秩序を愛好するマサチューセッツによって判断するだろう。他方、暗い面をとる者はニューオーリンズ[21]あるいはワシントンの暴徒の悪党根性《ラフィアニズム》から、または混乱している血と炎の洗礼を受けたばかりのカンザス州[22]から判断するだろう。エディンバラとボストンの差異は、ボストンとスペリオル市（ウィスコンシン州北西部の都市）ないしはニューオーリンズとの差異より小さい。スコットランド西部地方の黒髪、小屋住まいのケルト人とマサチューセッツとバーミンガムの技巧的な工芸職人たちは互いの間に、ニューイングランド諸州の清教徒《ピューリタン》の子孫たちや、ミシシッピ川の南西の新開地の向こう見ずな住人たちとの間よりは共通性が多く、また、これらのどちらもがヴァージニアや南北カロライナの貴族的な封建地主たちとの間に持つ以上に共感の共同体を多く持っているのだ。

しかし、これらの地域的差異がある程度把握されたとしても、アメリカにおける宗教の主題が誤解から完全に解き放たれるものではない。アメリカとイギリスについては、我々（イギリス人）は対比《コントラスト》するより比較《コンペア》するのに慣れており、社会は、我々の下において存在しているような単にひとつの国教会によって作りだされるにすぎない宗教的諸影響に従わせられるであろうと思うのが常である。アメリカには国民的宗教形態は無いし、大共同体が宗教的にひとつに結ばれ得、その諸資源に全住民が自由に依拠することのできるような国家設立教会《エスタブリシュト・チャーチ》も無い。国家はすべての信教を認めているが、どれひとつとして後援はしていない。すべての教派が同じ条件下に立ち、人々の賛意を得る程度によって繁栄あるいは哀亡する。完全な宗教的寛容が存在する。だれでも自分の流儀で神を礼拝する自由があるし、全く礼拝しないのも自由だ。すべての人が自

［原注1］この章は主として種々の教会の統計的説明に当てられており、特に参照のためであるので、一般読者は読み飛ばしても良いだろう。

分自身の宗教を静穏に礼拝することを保護されている。真実は固有の不変の管制高地に立脚するものであり、社会的権力は良心および宗教的崇拝に干渉できない。国教会の欠如から、多くの人々が信仰の欠如を推定する。イギリスの人々にとっては、国民《ナショナル》宗教を公立《ガヴァメンタル》宗教から分離して実感するのは極めて難しいだろう。政治上の事柄の処理において、安息日は認められていて、その遵守は命じられている。安息日の間、議会は休会され、税関その他の公的機関は皆一日中閉じられている。両院議会は規則通り祈りとともに開会される。

　政府は設立のそのときから国民に、国民的な苦悩のときには断食と祈りと一般的な恵みへの感謝祭の日々を遵守するように繰り返し求め続けている。さらに、政府は陸海軍付きの牧師《チャプレイン》を雇うことを承認し、今現在、すべての大型軍艦に配属されている。キリスト教の精神は同じく司法の事柄においても示されている。宣誓は聖書に掛けて行われる。報酬と懲罰の将来の状態への確信が要求され、無神論者《エイセイスト》の宣誓は却下される。それはまた、議会が諸学校《セミナリー》、孤児院・養老院、病院への支援のために国有地の大きな譲渡をしようと待ち構えている点にも表れている――ただしこのように下賦された諸施設に宗教的諸見地を顕著にするべく場を与える確信的なキリスト教徒の監督の下に置かれていることは承知のうえなのである。このように宗教の促進は直接的に合衆国政府には属さず各州に属するのだが、しかし同政府は国の宗教的利害に敵対的でもないし無関心でもない。州の支援なしに宗教はそれ自体の基礎に立脚し、私が示したいと望むように、それ自体の内在的な価値恩恵によってすべての人の尊敬ないし愛を効果的に勝ち得ている。

幾つかの州の憲法は明らかかつ積極的にキリスト教的であり、ほとんど例外なく聖書の偉大な諸原理の上に築かれている。

完全な宗教的寛容が与えられている。予期されるように誤謬と狂信は隠されず、諸宗派は無数かつさらに細分化されているが、しかし、事実は正統派《オーソドックス》（三位一体を信奉する）教会がどこでも大体においても構成員の数で優勢であることは満足のいく事実である原注2。任意のシステムが十分に実行されており、私はすべての教派・宗派がそれに同じように執着しているという印象を受けている。宗教的信仰の維持のためのいかなる基金も州によって特別に設置されてはいないので、牧師は給与を会衆に頼り、幾つかの例ではこれら給与は個人の基金によって、そして西部では寄付金と「寄付集会《ドーネイション・ミーティング》」によって補われている。恐らく節約すれば、すべての聖職者たち

［原注2］悉皆調査統計表に挙げられている一〇〇の異なる教派の中で、以下のような独特な名前が見られる――「デモクラティック・ゴスペル、エベネザー・ソーシャリスツ、ニュー・ライツ、タンカーズ、スーパーラリスツ、コスモポリツ、フリー・インクワィアラーズ、チルドレン・オブ・ピース、インスパイアド・チャーチ、パソナイツ、ビリーヴァーズ・イン・ゴッド、パーフェクショニスツ」その他同様に目覚ましい諸宗派。

は給与で生活できるかもしれない。だが誰かが給料で金持ちになるのは不可能だ。

アメリカの教会には裕福な寺禄付き聖職や高い現世の地位提供の誘因がない。また、英国教会の聖職に遠い昔からの習わしによって属しているような社会的身分《ステイタス》を聖職に授与する権力を持つ宗派もない。かくて福音の教えを説く欲求のみが合衆国の正統派諸教会において人間を牧師の任務に押しやる大きな動機であると当然想定し得る。よって通例として聖職者は、英国教会の牧師を提供するのとは異なった社会階級から採用されており、また、彼らの多くが保有している高い達成と教育にもかかわらず、彼らの階層中には多くの「上流社会《アッパー・テン・サウザンド》」（詩人ナサナエル・P・ウィリスの表現、一八五二年）を見出すことはできないのだ。またアメリカでは宗教の支援のためのお金が毎年合計〈五〇〇万ポンド〉以上も募られるということを読んで驚く者もいるかもしれない！

さまざまな宗派の状態を陳述するにあたって、私の信頼のおけるデータは一八五五年のものだけだということを述べておかなければならない。というのは、その時期以来、コミュニカント（communicant ——（プロテスタントで）陪餐会員、（ローマ・カトリックで）聖体拝領者、（ギリシア正教会で）領聖者）の数の増加率は、人口増加をはるかに超えており、諸教会の教会員は、まさに国の宗教的進歩の規準そのものである。最近の「覚醒《アウェイキング》」はまた実質的に諸教会に影響を与えている。極西部の非定住人口の上にも宗教の束縛を負わせる必要性、そして小冊子協会《トラクト・ソサエティ》、内地伝道会《ホーム・ミッショナリー》、その他の諸協会《ソサエティ》の称賛すべき努力（諸教会自体の攻撃的精神により援助された）のお陰で、教会、安息日学校、牧師《ミニスター》が人口の波の西方への巨大なうねりに同行している。

そこで、一八五〇年の国勢調査の返答に与えられている教会建築物件数に七分の一は加えても安全だろう。すなわち三万八一八三戸、ないしは人口六四六人当たり一戸である。アメリカの諸教会は教義上二つの区分に大きく分けられる。

［1］正規長老派《プレスビテリアン》、福音浸礼派《エヴァンジェリカル・バプテスト》、監督派《エピスコパリアン》、組合教会《コングリゲイショナリスト》、ドイツ改革派、オランダ改革派、契約派《コヴェナンター》を含むカルヴァン派と、［2］すべての分派を含むメソジスト派、ルーテル派、カンバーランド長老派、モラヴィア派を含むアルミニウス派に分かれる。

教会統治の形式に照らしてみるならば、諸教会は大きく三つに分けられる。

1. 監督教会《エピスコパル》（プロテスタント監督教会、モラヴィア教会、メソジスト監督教会《エピスコパル》を含む）
2. 長老教会《プレスビテリアン》（一般にそう呼ばれるところの長老教会、連合教会《アソシエト》と連合改革教会《アソシエト・リフォームド》、オランダ改革派、ドイツ改革派、契約派《コヴェナンター》、ルーテル派、カンバーランド長老派を含む）
3. 独立教会《インデペンデント》（組合派《コングリゲイショナリスト》、福音浸礼派《バプテスト》を含む）

無数の福音諸宗派は教義上では二つに、統治上は三つに包含されているが、しかしまた、教会におけるキリストの至高性の教義に関する堅固で完全な合意と、市民行政府の側からの、その教義、規律、統治に対するいかなる介入も違法であるという点では、ひとつの下に括られているのである。アメリカの教会におけるキリストは教会の頭《かしら》の教義（エフェソの信徒への手紙五・二三、クエーカー＝キリスト友会の信条のひとつ）と、キリストのみから、教会内におけるあらゆる合法性と権威が由来するということを主張し擁護する点で、スコットランド自由教会と張り合わないような福音教会はひとつも無い。

監督教会《エピスコパル・チャーチ》＝米国聖公会は時期的に一番早かったので、初めに評言する価値がある。もともと英国教会から派生し、その儀式書は革命（一七七六年、アメリカ東部一三州独立）以来わずかに変化し、幾つかの異議のある文句を取り去り、幾つかの非常に微妙な短縮がなされた。イギリスでのように、聖職には三つの階級ないし序列がある。教会は彼ら自身の牧師を選任するが、叙任は教区《ディオセーズ》の主教の同意が要求される。教区委員たちは陪餐会員《コミュニカント》によって選出される。

監督教会《エピスコパル・チャーチ》は合衆国を教区に分割している。各区の業務は、教区の牧師とそれぞれの教会区《パリシュ》から平信徒によって選出、ないしは教区委員《ウォーデン》および教会委員《ヴェストリー》によって指名された一名以上の平信徒の代表により構成される年次会議によって決められ、牧師、信徒は一教会《ボディ》を形成するが、必要が生じる場合にはいつでも、二つの院《ハウス》に分かれ、別々に投票する。会議は主教の主催の下にあり、なにか議案を通すには両院の一致した投票が（別々に投票するときは）必要とされる。監督教会《エピスコパル・チャーチ》は参事司祭《キャノン》によって統治されており、総会は三年ごとに開かれ、各々の教区からの聖職者《クレリカル》、代表委員会《ハウス・オブ・デレゲイツ》を構成する平信徒代表、主教会《ハウス・オブ・ビショップス》に属する主教たちによって構成される。両院は提案案件が法律になる前に一致した議決が要求される。

監督教会《エピスコパル・チャーチ》は三八人の主教、一七一四人の聖職者、一〇万五三五九人の受聖餐者《コミュニカント》を有し、三つの神学校《セミナリー》がある。その成長と繁栄は目覚ましいものがある。教会全体にわたって生命力と活力があり、その聖職者たちと教会員たちのどちらにも多大な敬虔さがある。この国の最も尊敬すべき人々が、特に都市と南部にいて、この教会と結びついている。その構成員の条件は他の諸教会よりは確かに厳格ではなく、その境界内にはアメリカの多くの富、地位、上品さ、ファッションが取り込まれている。実際、次のように言うのが許されるなら、それは国民の「真・善・美のうちの」〈美的な《セスセティカル》〉部分の多数を有している、と。その隆盛の状況は、監督主義《エピスコパシィ》は国家と結びつかずには立ちいかないという主張をはねつけるものだ。

組合教会信者《コングリゲイショナリスト》はニューイングランドで支配的で、他のすべての宗派を合わせたより多数で、聖書以外に信仰と秩序の規準を持たず、信徒団が礼拝や陪餐《コミュニオン》のために定期的に集会するのを除いて、組織化された政治的団体としての教会を認めない。組合主義はローマ・カトリックの普遍教会も、イギリスやスコットランドで見られるような国家教会も認めず、各々の信徒団《コングリゲイション》が、それ自体で主権を持ち独立の教会である。それぞれの教会は、キリストの福音への恭順のうちに共に歩むというメンバーの合意によって存在している。宗規とメンバーの条件は際立って厳格である。彼らは「独立《インデペンデント》」という名前を否認し、諸教会の陪餐《コミュニオン》を実践しており、七つの総括組織ないしは総括代表会議を持ち、これらの団体は年ごとに会合して、互いに代表を派遣することによって「共同体の結束」を維持している。しかしこれらの組織体は統治力を持たない。その教会システムの下で——詳細について踏み込むスペースがないが——、彼らは二二五年間にわたって際立った教義の純粋性、規律への忠誠、継続的繁栄を享受してきた。宗教、教育、道徳の進展のためにこれ以上のことをなしてきたか、あるいは、「主は一人、信仰はひとつ、洗礼はひとつ」(エフェソの信徒への手紙四・五)を保持する全世界のすべての人々の共通のキリスト教を尊重する自由で高貴な精神でこれより際立っている教会は他にない。

彼らは二三二七人の聖職者と二一万人のメンバー、八単科大学、六神学校ないしは学部を有している。

前二者に次ぐのはレギュラー・バプテストで、合衆国のキリスト教諸派の中で最も古く、浸礼《バプテズム》をただひとつの聖書的洗礼の方法と考えている。それぞれの教会は福音書の説教をする資格を人々に認定する権利と長老を認定する権利を有し、内部統治に関する限り完全に独立している。

浸礼諸派教会の代表者たちが会合するのは相互間評議および相互刺激の目的のためで、統治のためにではない。浸礼派は、理論においては、聖書を唯一の信仰告白として採用するが、実際においては、彼らは幾分言い回しを修正してはいるが、主たる点では一致し、紛れもなくカルヴァン主義的な教義を持っている。革命（アメリカ独立）前には彼らは暴力的な迫害を受け、植民地の独立の時代はまた彼らにとって妨害からの解放のときでもあった。彼らは最も多数で重要な宗派で、南部諸州では特にそうである。彼らは六一七五人の叙任聖職者と八〇万八七五四人のメンバーを有し、一〇の神学校を持つ。合衆国の全人口のおよそ五分の一は彼らと結びつくと考えられている。

長老教会は完全な組織を有している。それぞれの地区教会《コングリゲイション》（聖徒の群れ）は牧師《パスター》、信徒長老《ルーリング・エルダー》と執事《ディーコン》を有する。牧師は教会員によって選ばれるが、彼らの選択は幾つかの重要な制限の下にある。教師《ミニスター》（牧師、宣教師として海外宣教にたずさわる者、神学教師）の支援に資するためのこれらの人々の会合――その目的のために呼ばれた牧師《パスター》（個々の聖徒の群れにつかわされて、みことばの務めを行う教師が牧師と呼ばれる）が主催する――が開かれ、大多数がある候補者に同意すると「召命《コール》」がなされる。この召命《コール》は地区教会《コングリゲイション》が管理下に置かれた中会《プレスビテリ》（数個の小会を含む）の下にもたらされ、指名された候補者を推薦すべきかどうかを決定する。もしそれを取り下げる十分な理由があると考えるならば、それは地区教会《コングリゲイション》に戻され、新しい選挙に進む。もし異議申し立てもなく、中会《プレスビテリ》が候補者の敬神性と教師《ミニステリアル》としての資質に満足すれば、彼の動機と教義に対する厳格な検定試験の後で、祈りと按手《あんしゅ》を伴う最も厳粛な式次第をもって叙任される。長老《エルダー》たちは信徒を代表しており、教会の教義と他の重要な仕事のために教会員によって選出される。執事《ディーコン》は貧しい者の面倒を見る。それぞれの教会はこのように独立した組織を持つが、それは全体の一部であり、共通の教会憲法の治下に生きており、中会《プレスビテリ》の指揮に服する。中会《プレスビテリ》は決められた境界内の区域の全牧師と各小会《セッション》から一名の長老とで構成される。その最も重要な義務は教師《ミニスター》の試験と叙任であり、その試験は極めて厳しい。教会会議《シノッド》はひとつのより大規模な中会《プレスビテリ》に過ぎず、中会《プレスビテリ》と総会《ゼネラル・アセンブリー》の中間に介在する。総会《ゼネラル・アセンブリー》は長老教会の最高決定機関で、その個々に分かれた諸部分をひとつに結束する絆である。それは各中会《プレスビテリ》からの同数の教師《ミニスター》により構成される。その力は強大である。それはすべての要請《アピール》を決定し、大会《シノッド》の記録に目を通して、提出されたすべての訴件に対して助言と指示を出し、すべての教義と規則に関する争論を決定し、間違いを糺《ただ》して立証し、教会全体を監督し、宗派分立的な議論を抑制し、全長老教会の総体《ボディ》を通して愛と真実を推進する。これ以上に完全な組織を持った教会はない。それはウェストミンスター信仰告白（カルヴァン主義神学の改革派信仰の信仰告白）をその最も厳格な意味で保持し、常にしっかりと学びと正統信条を遵奉している。

一世紀半になんなんとするその歴史の中で教義のカルヴァン主義システムを拒否した者は誰一人として教会の教師《ミニスター》として留まることを許されなかった。アルミニウス派ないしペラギウス派はこれまで一人としてその教会体の牧師《パスター》として認知されてこなかった。彼らはこの国に最も力強い宗教的な影響をふるったもののひとつであるが、それはキリスト教徒の熱誠と一貫性のみならず、教会に関係のある高名な神学者の数、そして領域内に取り込んだ富、啓蒙、博愛主義によってもそうなのである。彼らは三八二八人の教師《ミニスター》と三七万四四三三人のメンバーを抱え、一〇の神学校を有する。

メソジスト監督《エピスコパル》教会は合衆国で最大の宗教団体であり、その活動は共同体の上に最も勢力的影響をふるっている。それはウェズレーヤン・メソジスト・オブ・イングランド23の教義を保有しており、すべての最重要な点で教会経営《エコノミー》が彼らのものと同一だ。それは一七八四年に組織され、主要牧師《パスター》たちを主教《ビショップ》の名の下に認めている点でイギリスにおけるメソジスト教会と異なる。主教は全国総会で選出され、彼の道徳的および公的振る舞いについてこの団体に責を負う。主教は教会の霊的および現世的案件の監督のために国中を旅行し、年会と全国総会で議長となり、年会議で執事《ディーコン》や長老《エルダー》の職に選出された者たちを任命し、伝道者をその持場《ステーション》に指名する。これらの主教は各自の活動領域を有し、全国総会で会合する。しかしながらメソジストの主教職はひとつの職務《オフィス》であって、階位《オーダー》ではないことが理解されねばならない。この教会の組織は非常に完成されたもので、特に膨大な人々の集塊に関わるよう計算されている。国土はステーションと巡回教区《サーキット》のネットワークでカバーされており、福音は最も僻遠の人口希薄な近隣まで運ばれるのだ。彼らは一四万の教会を有するが、しかしさまざまな場所で会同する教区会議の数は多分四万に近いと推定される。巡回牧師はどこでも会うことができる。いかなる階級も有色人種も、いかに蔑まれていようと、彼らの宗教的配慮の枠の外に出ることはない。偉大なる主のように、彼らは「失われた者を尋《たず》ね」（エゼキエル書三四・一六）て行く。この国の幾つかの地域において、ときによって性急さと放縦が行状を彩るかもしれないが、彼らは燃えるような熱中、献身、忍従によって特徴づけられる。そして、組織、宗教活動の効率に、合衆国の宗教的隆盛の多くが疑いもなく負うところが大きい。八七四〇人の聖職者、一五九万三七九四人の教会員を擁し、五五〇万人の人々がその影響下にあると考えられる。

一八四四年にこの巨大な教会は奴隷問題を巡って南北に分裂した。しかし幾つかの南メソジスト監督教会は北メソジスト監督教会と合同した。「北メソジスト［監督］教会」は七人の主教《ビショップ》、二三五人の長老司祭、四八一四人の実効牧師《エフェクティヴ・ミニスター》と、七八万三三五三人の信者、八二三人の内地伝道師《ホーム・ミッショナリー》がいる。「南メソジスト［監督］教会」は六人の主教《ビショップ》、一三一人の長老司祭、一九四二人の実効牧師、二七一人の内地伝道師と五九万六八五二人の信者がおり、そのうち極めて多くの者が奴隷である。一一の単科大学と二一の研究機関がこれら二つの教会と結びついている。私は彼らの教会に合衆国のほとんどの部分で参列し、その説教壇《パルピット》から私がこれまでに耳にした中で最も力強い説教の幾つかを聞いた。

より小規模の正統派諸教会が考慮すべく残っている。

小規模の監督派

モラヴィア派――この教会は二八人の聖職者、三五〇〇人の教会員、そしてその教導下におよそ一二万人の住民がいる。

小規模の浸礼派《バプテスト》

七日目浸礼派《セブンスデー・バプテスト》――これは尊敬すべき宗派で、普通のバプテスト派と異なるのは、七日目が依然として安息日として守られるべき日だと主張する点である。彼らは七七人の聖職者を任命し、一七人の有資格牧師《ライセンシエト》、六五〇〇人の教会員、および影響下に四万人の人々がいる。

自由意志バプテスト派――この教派は無限定贖罪を主張し、神の選びその他のカルヴァン派の視点を放棄する。名称が示すように彼らは明らかにアルミニウス派である。二五〇人の有資格牧師と約六万人の教会員がいる。

キリストの弟子派《ディサイプルズ・オブ・クライスト》、**改革者ないしキャンベル派**――この教派は、スコットランド人で一八一二年に長老教会を去ったキャンベル博士（および子息アレグザンダー・キャンベル）によって創設された。彼らは信条、戒告、諸儀式、規律の書を除去し、「スコラ的な神学の技術的人工的な言葉を避ける」ことによって「信仰の家に純粋な言葉」を復興することを提案する。この教会は約三二万人を擁していると考えられている。

アンチミッション・バプテスト――彼らは八二五人の聖職者と五万八〇〇〇人の教会員を有する。

ゼネラル・バプテスト――この教派は一五人の聖職者と二一八九人の教会員を有する。

チャーチ・オブ・ゴッドないしワインブレンナー派――二三一人の聖職者と一万三五〇〇人の教会員を有する。

タンカーズ[24]――二〇〇人の聖職者と八〇〇〇人の教会員（タンカーはドイツ語で浸礼派の意味）。

メノナイト（メノー派）[25]――二五〇人の聖職者と三万六〇〇〇人の教会員。

これら二つの教会はドイツに起源を持つ。

バプテストの分派は合わせて九四七六人の聖職者と一三一万八四六九人の教会員を持つ。

小規模の長老派教会

カンバーランド長老派――この教会は一八一〇年に設立された。カルヴァン主義とアルミニウス派の中間を占め、他の長老諸教会と異なるのはメソジスト派の巡回制度を採用している点である。非常に隆盛な教会で、三〇〇人の聖職者、四八〇人の有資格牧師、一〇万人の教会員と四つの神学校を持つ[26]。

改革派オランダ教会《リフォームド・ダッチ・チャーチ》――この教会はオランダ人がニューヨークに入植した時代に遡るが、しかしオランダ語は聖職者たちによって完全に捨てられた。諸標準はオランダ改革派教会《リフォームド・チャーチ・オブ・ホランド》のそれで、純粋にカルヴァン主義的である。宗務の能力と効率の点で常に顕著であった。非常に富んでいるとともに極めて高い尊敬を得てもいる教会である。三八〇人の聖職者と五〇人の有資格牧師、三万六二九七人の教会員を有し、その教導下におよそ一五万人いる。

アソシエイト教会27——この教会はスコットランドから由来して組織されており、そこから大いに新会員を補充している。一六四人の聖職者、五六人の説教有資格者《ライセンシエト》、二万一五八八人の陪餐会員《コミュニカント》と神学校をひとつ有する。

アソシエイト改革《リフォームド》教会——この教会は三一五人の聖職者と九〇人の説教有資格者、四万の教会員と三つの神学校を有する。

改革長老教会、ないし契約派《コヴェナンター》——これらは一六八八年の宗教決着への同意を拒み迫害されたスコットランド長老教会の末裔である。彼らはウェストミンスター信仰告白と「ウェストミンスター」大・小教理問答とに強固に忠実であり、「厳粛な同盟と契約」は全世界において彼らを拘束していると主張する。彼らは隔離された教会であって、宗教上の理由で憲法への忠誠の規約を拒んでいる。拒否はやがて教会を分裂させる論争を惹き起こした。彼らは五九人の聖職者、一八人の説教有資格者、七〇〇〇人の教会員とひとつの神学セミナーを有する。

ドイツ改革《リフォームド》教会——この教会はドイツの同一名を冠する教会の分派であり、大西洋岸と西部の諸州の莫大なドイツ系住民の内に尋常でない、重要な領域を占める。それは最近急速に拡大している。一〇〇〇人の聖職者と一一万人の教会員とひとつの神学校を持つ。

ルーテル教会もまた非常に重要な教会で、一〇〇〇人の聖職者、二二万五〇〇〇人の教会員と八つの神学校を持つ。それは、ヨーロッパのルーテル諸教会とは異なり、教会論争における教父たちの権威を完全に拒否し、聖体共存の教義を論難し、個人的告白の残存物を拒否する。

長老派諸教会の全グループは六一四五人の聖職者と八一一六の教会、六九万六三一八人の教会員、三〇の単科大学、二〇の神学校を有する。

小規模のメソジスト教会

メソジスト教会からのひとつの分離が一八一六年に有色人種の男性の指導下に起こり、「アフリカン・メソジスト監督シオン教会」の名を受けた。二人の主教、一五五人の説教者と六二〇三人の教会員を有する。

別の分離は「アフリカン・メソジスト監督教会」の名の下に一八一九年に起きた。三人の主教、三〇〇人の聖職者、そして二万一二三七人の教会員を有する。

一八二八年に、自分たちがさまざまな規則によって虐げられていると考えるメソジスト教会の一部が分離して「プロテスタント・メソジスト教会」の名の下に新しい教会を形成した。彼らは主教を持つことを停止し、平信徒の代表者と地域の説教者たちの教会統治を容認した。彼らは九一六人の実効説教者、七万一八人の教会員と一〇三人の内地伝道師《ホーム・ミッショナリー》を有する。

同じく、ウェールズ・カルヴァン派メソジスト（八一人の聖職者と三九五〇人の教会員）、原始《プリミティヴ》メソジスト教会（一二一人の聖職者、一一〇〇人の教会員）、ウェズレーヤン・メソジスト連盟（三二〇人の聖職者と二万三〇〇〇人の教会員）がある。

メソジスト教会の異なった諸支流は合わせて二五人の主教、三六六人の司祭、八七四〇人の実効宣教師、一五九万三七九四人の教会員と一一九七人の内地伝道師を有する。「地域説教者」と「退職宣教師」——彼らの多くは多量の説教をこなす——を含めて、すべての階級の二万二二〇九人の聖職者がいる。一万三一四六の日曜学校があり、その種の学校に一二万九八八五人の教師がいる。上記から、合衆国における福音主義の教派は合計で四万二三五九の教会、二万九四三〇人の聖職者、一万四〇六八人の説教有資格者《ライセンシエト》、四一七万六四三一人の教会員そしてその影響下に一七七六万二〇〇〇人の住民がいる。

第四章　合衆国の非福音主義教会

ローマ・カトリック教会は最も強力で、信者は三二五万人と推定されている。しかしながら合衆国では誰一人としてローマ・カトリックの進展を気遣う人はいない。カトリックは合衆国の諸要素の中の単なる一部分にすぎず、それ自身が、そうだと分かっている。多くのカトリック教徒はアメリカに到着した後で信仰を捨て、一部は公立学校の影響を通して、次の世代の子どもたちはかなりの数がプロテスタントになる。カトリックの本質の大きな割合を構成するところの宗教的熱狂は抑圧の下で栄え、迫害を栄養にして育つが、真の民主主義に対抗する力はない。合衆国に存在する完全な宗教の自由は、宗派間の闘いを抽象的な意見の戦いへと解消させてしまう。アメリカに入植したカトリック教徒たちは総数何百万の多くにのぼるが、現在のこの国の信者数と比較すると、その何百万が失われてしまったことが分かり、教育、寛容、権利の平等は徐々にかつ静かに彼らを吸収してしまったのだ。

およそ二五年前にドイツ超越主義《トランセンデンタリズム》がユニテリアンの聖職者の中に現れて、急速に広まった。その追随者は普通、浅薄であいまいな考えの持ち主の間に見られる。その信仰がいかに強いものであれ、もっともらしさの上に信仰を築く重荷から門弟たちを解き放ち、宗教の本質のすべての不可謬で直観的な知識を与えると彼らに約束する。超越主義者であって自分の信仰の哲学ないしはそれが依拠している証拠を知っている者に私はめったに会ったことがない。彼らは決定的に汎神論的《パンセイスティック》であって、すべての宗教は真理の展開であると主張しているのだ。

「クリスチャン・コネクション」は純粋にアメリカに起源をもち、創立者の人間も信条もないことを誇りにしている。五〇〇人の聖職者と三万五〇〇〇人の信者がおり、彼ら自身の見積もりでは影響下に三〇万人の住人がいる。

ユニヴァーサリストは一七六〇年頃に立ちあげられ、この五〇年間に相当増えてきている。彼らは、すべての罰はこの人生の中にあって、すべての魂は死んだ後で幸福の状態へと移り過ぎていく、と教える。説教者の多くは詭弁のすべての武器を駆使することに熟練している。彼らの教義はいかなる改革的影響も及ぼさず、主として非宗教的な者、不道徳な者、福音的宗教を嫌うすべての人々に口当たりが良いのだ。六四〇人の説教者とおよそ五〇万の人々をその影響下に置く。

新エルサレム派すなわちスウェーデンボリ[28]派教会はおよそ三五人の聖職者と一万人をその

教えの下に有する。多くの神秘的奇行を有し、その聖書の解釈の仕方は健全な哲学と聖書の釈義のすべての原理とことごとく背馳《はいち》する。

ラッピスト派は西部に居を据えるドイツ・プロテスタントの小さな教派で、彼らは「財産の共有」を実践している。

シェイカー派はイギリスに起源を持つ狂信的な教派で、自分たちを千年紀《ミレニアル》教会と呼び、およそ七五〇〇人からなるその諸共同体は主としてニューヨーク州とマサチューセッツ州の山岳地帯で見られる。千年王国《ミレニアム》が始まっており、彼らは使徒的な賜物《たまもの》を有する唯一の真の教会であると主張している。彼らは結婚を禁じる。財産の共有の原理を維持し、男女は別々に生活する。倹約家で勤勉だが、宗教的勤行は合理的な人々のそれよりむしろ［イスラムの］修道僧《ダルヴィーシュ》に似ている。

モルモン教徒はアメリカ人の中でめったに改宗者を得ず、主にイギリスから勧誘されてきた。彼らは徐々に西方に向かい、現在はロッキー山脈を越えておよそ五万人の信者が孤立した共同体として存在している。

他の狂信主義的な名称がイギリスで時々聞かれたが、注目に値するほどでない。事実はこうだ。すなわち、アメリカでは新しい教派が始まると、その悪名は急速に最高点に達し、放縦な言行に駆け込み、それが急速な頽落を保証するということだ。全体的にみて、合衆国では無法な過ちの総計は小さく、真の宗教への尊敬が国の道徳的雰囲気に広くいきわたっている。

第五章および第六章　ニューイングランド

読者諸賢には今、心の中で連合の他の地域からニューイングランド六州を分けて考えていただきたい。というのは、それらが現している諸特色が他のところで見られるのはかすかな程度においてだからだ。イギリスの「篩《ふるい》にかけられた小麦」（ルカによる福音書一二・三一）と子孫たちが好んで呼んだ清教徒《ピューリタン》の入植者たちの影響はいまだ法、習慣、宗教に感じられる。それらたくましい古い植民者を嘲り、彼らを陰鬱、強欲、頑固、強情、可愛げのない者と言い表すことは流行であったし、今でも流行っている。実際、「清教徒的《ピューリタン》」という形容句の一般的使われ方は、彼らとその同国人がどういう評判を得ていたかを表している。幾つかの宗派の特色は熱狂と不寛容の色合いを帯びていたということは打ち消し難く、誹謗と迫害は反感を抱かせる傾向にあった。そのうえ彼らの間には偽善者がおり、権力に負けまいとする人たちがいた。他方では間違った宗教的熱狂に導かれ、法的執行によって人々を宗教的に仕向ける不運な実験を企てた人々がいた（共和政〔一六四九～一六〇〇]＝クロムウェル[一五九九〜一六五八]の時代）。しかし私たちは時代の気質を許さなければならず、また初期の入植者たちは法の拘束を背後にして逃れてきたのであり、そのような環境下においては極端な厳格さだけが秩序ある道徳的な共同体を建設することができたという事実を考慮しなければならないのだ。ニューイングランドの安息日法《サバス・ロー》は古い清教徒《ピューリタン》の規約の上に作られ、卓越した人々の意思によって維持されていたが、異常に厳しく、初期の律法学者たちの知の記念碑であり続けている。全ニューイングランドを通して、商売は主の日（日曜日）には見合わせられる。普通の列車は走るのをやめる。鉄道交通の大集積センターであるスプリングフィールド（マサチューセッツ州西部）でさえ、静けさが楽しまれ得る。列車や汽船による遠出は知られていない。商店は厳しく閉じられている。その日は礼拝と静かな社交の楽しみに捧げられている。静寂がアメリカの最も忙しい部分にやってきて被い、異邦人でさえその日の神聖さを認めるよう公論の力によって従わせられる。

これら安息日法は紛れもなくこれらの高貴な諸州の建設に支配的かつ広範囲な影響を及ぼし、人々は、いかに多様に異なった宗教的信仰をもってはいても、まだ、その物理的必然性のゆえに極めて用心深く保たれている。都市、忙しい村々、朗らかな田舎の地方を内包するニューイングランドは、スコットランド高地地方で目撃され得る同じ冒瀆されていない安息日の眺めを呈する。このように賢明な立法がなし得ることはこれくらいにしよう。

諸教会の状態に関しては二、三の短い記述が要求されよう。ニューイングランドにおいて教会は事実上何年にもわたって州と一体化してきた。それは市民当局にとってなくてはならないということだ――公衆の宗教感情があまりに広くいきわたり強力だったのだ。世間は、教会は世間と中途《ハーフ・ウェイ》で出会うべきであると要求し、かくて、後者には腐敗の危険性があった。次のような教義がある程度、優勢になった。すなわち、主の晩餐は「神の恩寵の与えられる方法《ミーンズ・オブ・グレイス》」であり、単なる聖餐《せいさん》式――そこでこそ霊的信者は主との生きた合一を指示する――ではないのだ。「恩寵の手段」として外在的な道徳性《エクスターナル・モラリティ》を持つ個々人すべてがそこに入ることを許され、かくて共同体においてすべての卑しからぬ人は教会員であり、公職に就くにふさわしいということになる。ジョナサン・エドワーズ[29]の影響の下にあってこそ、この問題についての感情が揺り戻し始め、この大義において、何年にもわたって彼は骨を折って働き、「信者たち」以外の何者をも教会の中へ受け容れることに反対した。今や古い実践の残存の痕跡もなく、自身「回心した」と認めて告白し、人間の眼に見える限り自分の告白と一貫して歩む者以外は聖餐台につくことを許されないのだ。これらの教会員の上には、重要な義務――聖職者、長老、執事を選任する――が帰属している。ニューイングランドの聖職者たちの能力と清廉さは、聖職者たちがキリストへの愛から、そしてキリストの精神を持って、彼らを招くために合一し、彼らを助けると約束したこれらの人々によって選ばれることをつくづく考えるとき、驚くには値し得ない問題なのだ。このような聖職者たちは総じて緊密で愛情の籠った絆によって人々と結びついている。ニューイングランド以上に聖職者たちが愛されているのを目にするところはどこにもない――ここで彼らは、人々（彼らに立ち混じって仕事をする）によって選ばれ、支えられているのだ。彼らは誰にも勝るものでも、誰に劣るものでもない。彼らは高位、低位の人々に等しく信頼される友であり、相談相手である。そして彼らは、いかなる者であれ人々の良心と情愛に自らを委ねることを止めるや否や、一瞬として自身を支えることも、いかなる人々との結びつきを保持することもできない。聖職者たちは測り知れないほどの道徳的影響力を持つ。人々とのこの関係は聖職者たちが諸州にくまなく立脚する関係のひとつであるが、しかしその優位性はニューイングランドに傑出して見られる。ここと比べれば、福音を説く聖職者がより力強い影響をふるう国は地上のどこにもない――影響というのは、唯一、道徳的特性の影響のみであり、それは良心と理解の上にだけふるわれるのだが――。

　ニューイングランドにおけるこの主題についての優勢な理論は数語で言うことができよう。すなわち、こうだ――聖霊（三位一体の第三位）がキリスト教徒を作り、同じ聖霊がこれらキリスト教徒の中で動き、教会を構成し、牧師を選び、みずから進んで彼らを支える手段を与え、同じ聖霊がこれらの共同体を増やし、堅固にする、と。州は彼らとは何の関係もない――ただ、このように広範な教育的な要素として存在する宗教感情として、すべての憲法、法律、宣言、選挙の説教、立法祈禱などにおいて神の認知を強いること、そして何であれ人々の良心が命じるところの仕方において神の崇拝を促進し守るための法律を制定する点を除いて。それゆえキリスト教は社会の一要素としてそれ自体のメリットと潜勢力の上に立脚し、人々の意識的に欲するところに役立つ限りにおいて、そして社会状況の不可欠な統制的要素としてのみ前進する。キリスト教はただその教え、聖職者たち、信仰告白者たちがそうさせる限りにおいて、影響力あり尊敬されるものとしてそこにある。そして人々は我慢強い教え、キリスト教徒の誠実さ、忠実さによって、人類が欲するところに当たらんと自らに命じることによってのみ、それらの聖職者たちを尊敬し、愛し支えるのだ。

キリスト教はニューイングランドでは影響力があるということは、最も不注意な異邦人にも明らかである。というのは、その勢力下で安息日法は保持され強化され、節度と自制の原理が上手くいき、例年の公示によって公的宗教感情に敬意を払う政府はしばしば、説教壇への不信用を持ち込まない言葉によって言い表していたが、厳粛な断食（国民懺悔の日）を指定し――それは安息日のように遵守される――、燃えるような色彩の秋の一日に収穫の恵みに奉《ささ》げる感謝祭の日を決めた。キリスト教が尊敬を集めていることは、信仰を明言している莫大な数の富んで影響ある人々によって、そして一定量の偽善――それは悪が徳に贈る賛歌だ――によって証明されている。

ボストンおよび他の大都市では、外的事物によってのみ宗教の影響を判断することができる。

ボストンの様相は秩序だっていて、通りでは酩酊者はめったに見られない。二〇万人近い住人のその町は夜は静かなので、どの通りでも堅気の女性が従者を連れずに歩くことができる。競馬は知られていない。下層階級の人々の中でのプロボクシング、賭博場での職業的ギャンブリング、闘鶏への傾向がどうであれ、法の強力な武器によってその発展を妨げられている。ボストンの安息日自体はきちんと遵守されている。諸教会はどれも人でいっぱいであり、商店はあまりに完全に閉められているので、旅行者は一杯のソーダ水すら手に入れるのに困ることになる。港の水は一隻の蒸気船の竜骨《キール》によってすら立ち騒がず、空気を引き裂く鉄道の気笛もない。事実ボストン市は安息日にはまさに清教徒《ピューリタン》的状況と呼ぶに相応しい様相を呈する。町の外側では多数の郊外の村々に続く道路に沿って多くの馬車が見られ、日曜日に乗馬する習慣は地方で増大している。ボストンの安息日の真実はすべてのニューイングランドの都市の真実でもある。そして、内陸の町々では外国のローマ・カトリック教住民の悪の影響を受けておらず、礼儀はよりいっそう鮮明である。しかしながら田舎の地方は最も完全に宗教つまりピューリタニズムの勢力下にあって、ニューイングランド人はその人々を指差して、その道徳的な美で匹敵するものがない世界の一部分であることを誇りとしている。彼らの内にはすべての社会要素の中で最も力強く宗教が現れている。そこでは宗教が教会、大学、学校を植え付けた。それは自由な諸制度、自由な言論を与えた。それは高貴な自由人の住民を訓練したが、彼らは、宗教的、道徳的、知性的、勤勉で、幸福な家庭に住まう——それは光と愛の中心であり、聖書が褒め称えられ、安息日が遵守されている国においてのみ見出されるのだ。

　これらの地域では平和な田園生活の営みに従事する人々の光景が目立って見られる——田園生活によって鈍らされることなしに、土地は耕され、彼らの父親たちが彼らに先立って耕していた土地を耕し続け、子どもに神の畏れを教育し、息子たちは国の最も高い地位に登りつめ、または極西部へ宗教と道徳性のパン種を運ぶ。徳、謹厳、勤勉、安息日の崇敬、秩序への愛がこれら六州の人々を特徴づける。人々は教育され、覚醒され、すべての男性は投票に際し、しっかりとある候補者を応援する理由を告げることができる。ジョン・バニヤン[30]の『天路歴程《ザ・ピルグリムズ・プログレス》』、ジョナサン・エドワーズの著作説教集（『怒れる神の御手の中にある罪人』等）、幾つかの標準的な神学書がほとんどの最もつつましい図書館でも見つけられ、人々は知性をもって神学のいかなる論点についても議論する準備ができている。

　都市部における安息日の厳しい遵守について述べてきたが、ニューイングランドの一農村の安息日について説明しよう。というのも、私が少々足を伸ばした経験から言えるのだが、どこか一ヵ所を説明することが全体の説明になると思うからである。

　アメリカで人を惹きつける無比の場所にある最もきれいな村を例にとろう（マサチューセッツ州ノーサンプトンか）。それは人口五〇〇〇人の村で、公園のような草原から登っていく小さな山々の集まりの上に建っていて、コネチカット川の奔流の輝く水の流れが通っている。草原を越えて絵のような丘々が円形劇場を形作ってこのマサチューセッツの珠玉を取り囲んでおり、見つめる人の目がどの方向に向いても、感覚的な美の輝くばかりの眺めで満足させる。村はそれ自体が小道の集積から成り、巨大な枝の垂れた楡の街路樹によって陰影をつけられ、これらの道に沿ってそれぞれバラと蔓に囲まれた山小屋がぽつんぽつんと建っている。この村は一七世紀の早い時代の日々に遡り、家族の幾つかはプリマス・ロックに上陸した家族の子孫だ。五つの教会がある——二つの組合派《コングリゲイショナル》、各ひとつの監督派《エピスコパル》、浸礼派《バプテスト》、メソジスト派である。これらの聖職者たちは融和して暮らし、ひとつの連合祈禱会に一緒に加盟している。アルコールがその場で売られている宿屋も居酒屋もなく、広大な地域に一人の警官も牢獄も必要とされない。巨大な楡の木陰の下で平和にまどろんでいるように見受けられるが、ニューイングランドの起業に不足するものはなく、土曜日夕方七時まで忙しくしている。その時間に仕事が終わる。幾つかの家族はまだ古い清教徒《ピューリタン》の習慣を保ち続けている——その習慣は、コネチカット渓谷を越えるとほとんど行われていないが。それはすべての世俗の業務や本から離れて、土曜日の夕方六時に安息日を始めるという習慣だ。

安息日の朝が明けると、善き人々は眠りから早く目覚め、子どもたちのレッスンがよく準備されているか見てやり、日曜学校へさっさと送り出す。というのは、ニューイングランドでは、すべての階級のすべての年齢の子どもたちや若者たちが学校に出席するからで、この繋がりが壊れるのは結婚によってのみだが、それは頻繁に起こっている。日曜学校のベルが鳴ると、たくさんの足音が聞こえ、その後で、うやうやしい静けさがあり、この静寂が破られるのはムクドリモドキ《オリヨール》の音楽と花々の中のハチドリのかさかさいう音によってのみだ。太陽の光線は茂った木々を通してゆらめき、輝く緑の草の上で踊り、草原に牛たちはけだるげに休み、山の影が風景に落ち、そして人は、神がそんなにも美しく作りたもうたものを金輪際《こんりんざい》、汚さない。一〇時に「集合」の鐘が鳴り、すぐ後にほとんどすべての住民が所属する教会へと移動するのが見られ、他方、粗野な田舎の乗物が人間という荷物を満載して違う道を通って注入されて来る。子どもたちはこの時間の前に学校から戻っていて、例外なく両親の仲間入りをするが、普通年齢順に歩き、最も若い者はそれぞれが聖書と讃美歌集を手に持ち速く歩き、親たちはしんがりを務める。

組合教会《コングリゲイションズ》の集会は美しい光景だ——尊敬するに足る様相と雪のような髪をした年齢の者、子どもたちと優雅さと美しさの盛りの若者、夏の盛りの男性たち、全家族、祖父母、孫たち皆が休日を守る者として神の家へと上がって行く。この美しい村のどの教会も人でいっぱいになる。なぜなら全村民が教会に行く人《チャーチ・ゴーアーズ》なのだから。礼拝が始まった後では、再びすべては破られることのない静けさだ。田舎の人たちを運んできて、教会の外にその目的のために設置された杭に繋がれた七〇から八〇頭の馬たちでさえ、目を見張らんばかりの行儀の良さだ。礼拝は一二時半に終わり、一時に日曜学校は再び始まり、二時に礼拝が再び行われ、四時に道は人々と荷馬車で混み合い、諸家族は古き善き習慣に沿って数軒の家に宗教的教えのために集い、七時にそれぞれの教会のレクチャールームで「祈りのための集まり《コンサート・フォー・プレイヤー》」が開かれる。これらは各月の最初の日曜日に定番で宣教のための祈りと宣教の情報交換の目的で開催されるものだ。

この最後の礼拝が終わると、人々は小道に沿ってブラブラと歩き、親戚は互いに訪問し合い、夏の夕べには家族は戸口の上り段に座り、ホタルの断続的な閃光によって照らされる黄昏を楽しみ、冬には薪の燃え盛る炎の周りに集う。こう言ってもほとんど過言ではないだろう。すなわち、これらの安息日は、ニューイングランドにおける以上に強いものを私たちが見たこともないようなあの家族の愛情の結束を強め、家庭を常に爽やかで良い香気のする、魔法をかけられた場所にし、人生の楽しみの最も汚れないものを作りあげ、人生の悲哀の極めて多くを癒やすこれら聖なる慈愛を活動させ続けるうえで他の何ものにも勝る働きをするのだ。このようなものがニューイングランドの田舎の地域における宗教の目に見える影響である。この州の最も素晴らしく美しい村は典型で、例外ではないことはこの州を知る者皆が証言するであろう。私はユートピアの場面を描いたのでは全くない。厳しい気候とやせた土を持つ、ニューイングランドを連邦の最も実り多い部分にしたのは、宗教の広範な影響なのである。それは、よく統制された家族、高潔な息子たち、貞潔な娘たちを創りだし、極めて多くの人々に、彼らが従事するところの平和な営みにおいて非常に満足させているのだ――各々は、彼または彼女のそれぞれ自分の領域を静かに、だがしっかりとすべての高潔な行動の素晴らしい結果――全体にとっての善――に向かって動いている。宗教を携えているニューイングランドの家族こそが、力強い西部のパン種を蒔き、そしてその広大な大草原の上に教会、学校――安息日は言うまでもなく――を建てたのだ。この「讃美歌歌い《サーム・シンガーズ》」の国民を冷笑するのは流行り《ファッション》であったが、しかしニューイングランドの万物の秩序を愛し、道徳的な人々はこの嘲り《トーント》に対する最高の答えであり、清教徒《ピューリタン》の特質の最も高貴なモニュメントである。私はここで筆を止めて、真実そのままの絵を残して離れることを許して欲しいと願うのだが、背後に形を歪めるいろいろな影があるものの、偏りのない視察は「蛇の道《トレイル・オブ・ザ・サーペント》」（アダムとイヴをエデンの園から導いた）を発見するのに失敗することはないだろう。

　これらはニューイングランドの宗教の輝かしい様相だ。これ以上に宗教の影響を受けた国はなく、地上のどの場所といえども、考えてみるに、去りかねてぐずぐずしている場所でニューハンプシャーとヴァーモントの山々、メインとマサチューセッツの村々に勝るところはない。しかしながら、ニューイングランドは宗教が我々の堕《お》ちた人間性に対して、その社会と道徳的状態を高めるための持てる力の記念碑ではあるが、真実が強いて私に付け加えしむることは次のことだ。すなわち、都市のうちのごく少数は、その外観は上品ではあったが、過ちの大きな中心点、つまり北部と西部で首尾よく長期あるいは短期間にわたりはびこったほとんどの主義《イズム》が育てられた温床だったのだ。そんなにも高く教育され、そんなにも知的で、そんなにも分析的なニューイングランドの精神が存在するところの、最も野蛮な放埒《ほうらつ》の幾つかとこれまでに真実の本(聖書)からかつて展開された最も危険な間違いの幾つかを——創り出したのでなければ——育んだということは奇態なことである。それらの放埒はアメリカの何千という人々の上に力を振るい現れていて、知性を途方に暮れさせ、心を誤らせた。またそれらの過ちは報道によって千倍にも増殖し、知性と天才の目もあやな輝きによって鍍金《めっき》されて、英語が話されているところはどこにでも有害な流れを注ぎ込んだ。

一方で、「正統説《オーソドクシー》」つまり福音的真実と称されるものと、他方で、さまざまな形の誤りとの間の違いは、非常に顕著である。すべての人は宗教の問題に関してある種の意見を持っている。ニューイングランドでは完全な無関心にはめったに出会わない。人の宗教的な意見はその仕事や専門同様、知人たちの間で明白なものである。文筆、社交ないしは商業界において宗教はタブーの主題ではない。誰でもそれを論じ、自分の意見を述べるが、しかし真実と間違いを分ける線はしっかりと遵守されていて、ニューイングランドの諸教会は信仰の上に熱心な保護力を働かせている。聖職者は高教会派《ハイ・チャーチ》によって保持されているような信仰や贖罪についての概念を取り上げるかもしれないが、しかし免職の罰を負ってのことだ。あるいは教会員は信仰箇条と正反対のわが主の神位を崇拝する概念を採用するかもしれないが、しかし、それも破門のリスクを賭けている。

ユニテリアニズム（ユニテリアン・ユニヴァーサリズム）は一七八〇年以来ボストン、ウスター、スプリングフィールドと他の二、三のニューイングランドの都市で広く普及した。彼らは三六〇の教会を有するが、ほとんどはマサチューセッツにある。ユニテリアン派はエドワーズ、ホワイトフィールド、スタダドが人々の天国への望みを攻撃したときに始まる。その時代の「大復興」の振興者たちが堕ち込んだ幾つかの間違いは分離を加速した。しかし、ユニテリアニズムは教会への入会志願者の敬虔さの証を要求する慣習を好まないところから芽生えてきた。ユニテリアン派は、わが主の神性についてアリウス派[31]からソッツィーニ派[32]にまでわたるさまざまな意見を持っている。彼らの中には厳格な道徳性を持つ者もいるし、大きな信仰と包容力の大きい慈愛を持つ者もいるが、大多数は広い博愛を実践している。マサチューセッツの富の大きな部分は彼らの手中にあり、ボストンは彼らの砦であり、彼らの柵の内部にはその洗練された都市の多くの文学的能力を取り込んでいる。

ボストンの上流諸階級は主としてユニテリアンである。諸教会は巨大で素晴らしく、聖職者は目立って有能であり、音楽は優れ、会衆は博愛的である。ユニテリアン信者の多くは宗教の外面的な事柄に念入りな注意を払っている。一日に二度の教会出席、安息日のしかるべき遵守、聖職者への気前のよい支援、多くの家庭における日々の祈りと金に糸目を付けない気前のよさが彼らの特色だ。

教会建築、混み合う会衆、祈りと説教に採用されている美しい言葉、礼拝にしみ込んでいる類まれな審美眼の影響は、外来者に感銘を与えずにはおかない。だが、すべては冷たく生命を欠いている。祈禱――もしそう呼んでいいものなら――は、卓越した神の崇高な賛美、富、自由、道徳的および知的向上への感謝の言葉、抽象的な徳と、創造主の前に立つ能力を人間に与えるような完成を求める雄弁な諸志向からなる。しかしあの方（キリスト）――ひとり彼のみによって罪ある者は神に近づくことができる――の名は欠けている。説教壇は等しく雄弁である。ウィリアム・エラリー・チャニング[33]の輝いていた時代の炎は多くの唇にいまだに燃えている。すべての人間的な要素は、知性を魅了するか魂を高めることのできる諸要請に取り込まれる。神の善が主題であれ、贖い主の徳、悪の嫌悪、徳の美、イザヤ書の詩ないしはパウロの形而上学が主題であれ、それは人間の思索の可能なすべての力でもって取り扱われ、詩、文学、あるいは絵画から借りて来られるすべての優雅さで美しく装われる。最も高い知的領域に到達した聖職者――彼は安息日の説教をその週の最も豊かで知性的な祝祭にする力を持っているだろう――を手に入れるために豊かな会衆によって惜しまれるような出費はない。そして現今、ユニテリアンの説教壇は、最も学識が深く、最も完成した演説者たることを誇る。

神性を低め人間性を引き上げる宗教、そして人間を純粋な道徳性の双肩に乗せて天国へと連れていく宗教、罪と罰の「俗な」疑問を無視し、人間の堕落の教義を踏みにじる、道徳的自己満足と知的驕《おご》りを刺激する宗教は、知性の神格化があまりに当たり前で、カルヴァン主義の教義の説教が優勢であるところで厚遇されることは極めて確かだ。ユニテリアン教会の多くでは礼拝手順は全く文書化されていないが、しかしボストンの古いキングズ・チャペルその他の幾つかでは英国教会の祈禱書《リタジー》のユニテリアンの信教に反するすべての文句を削除したものが普通読まれている。

ハーヴァード大学《カレッジ》[34]、つまりアメリカのケンブリッジは、この国で福音主義の影響を受けていない極めて稀な大学のひとつで、ユニテリアン派の主要な後楯のひとつである。その四壁の中で、アメリカの最も高貴で最も才能ある若者のある者が人間の誇りに対して非常に共鳴した信教への新帰依《きえ》者となる。その周りには輝かしい綺羅《きら》星の一団をなして、この国の最も才能のある人間の幾人か——ロングフェロー[35]、ローウェル[36]、スパークス[37]、パース[38]、ダナ[39]、ホームズ[40]その他——がいる。彼らはその生きる時代に彼らの輝きを投げかけている。そんなに遠くないところにいるのはあの雄弁な神秘家ラルフ・ワルド・エマーソン[41]であり、彼は常に若く情熱的な者たちを導き、強烈に彼自身の懐疑のぬかるみと奇想の暗闇へと引き込んでいる。これらすべての輝かしい文人たちはユニテリアンで、一般にエマーソンが公認された指導者である超越論学派《トランセンデンタル》42に属している。また、これら指導者たちの間では宗教は激発する主題でもなかった。道徳的、知的疑問の中の最も大きなもののひとつとして、それは継続的にしばしば集まりで議論された。そして信仰の基礎は、ロングフェローの洗練された侮《あなど》り、ローウェルの輝かしい機知、パースないしはホースフォードの緻密な分析に至るまで、ぞんざいな儀礼的取り扱いに出会うだけである。それは他の諸疑問に足並みを揃えており、それらと共に歴史的信憑性の規則と理性の法によって処理されなければならない。これら才能に恵まれた文学者たちの知的・社会的な魅了する力は――予期されることだが――、ユニテリアンの間違いをかつてなく拡散することとなり、その過ちは、大きな中心としてのボストンとその近隣から放射されている。

それでもまだ、説教壇の雄弁のすべてをもってしても、また天才や知性が過ちの周りに投げかける魅力のすべてをもってしても、また人間の心の驕《おご》りに合わせて教義を枉《ま》げたとしても、ニューイングランドで昔占めていた地位にユニテリアン主義を据え続けることに成功していない。

心は宗教の内に知的概念よりもっと多くのものを追求し、うちのめされた人間性は生きている救世主を求めて叫ぶだろうが――彼は同時に、我々の欲するところと共感する本性とそれらを満足させる力を持つものであろう――、それはただ天国の中へと通過していった大司祭――

イエス、神の子――の知識によってのみ満足され得る。それゆえ、ユニテリアン教会の本体の大きな部分において正統派への継続的な接近がある。あるわずかな事例においては幾つかの全会衆が彼らの過ちを捨てた。そして過ぐる夏には、ボストンの指導的説教者の一人であるクーリッジ氏は、私がこれまでに熟読した中で最も厳粛で美しい演説のひとつでユニテリアン主義を公に捨てた。非常に強い「正統」(三位一体を信じる)への目に見える動きがあるので、ここ三〇年でユニテリアン派の現在の雑種の、それを支持する多くの地域における完全な絶滅と、他の会衆の、もっと粗野な形の過ちへの移行を目にすることはありそうである。

ボストンには素晴らしい才能と人を惹きつける魅力のある際立った態度の説教者が一人おり、彼は黙示録の中で述べられている「この本の預言に付け加える」(ヨハネの黙示録二二・一八)[43]という特異性を持つが、彼の同時代人の多くと同様に、彼はただそこから移し去っただけなのだ。彼の仲間たちはパーカー主義者《パーカーライツ》と呼ばれる。彼の意見に入り込む余地はない。彼の一部は超ユニテリアン的形式の過ちを保持する。ある部分において汎神論者である。すべての真理愛好的で有徳の人たちは霊感を受けていると主張する。仲間たちの教会で、聖職者たちは朝のミサでは「マルコによる福音書」を読み、夕べのミサでは「セオドア・パーカー[44]による福音書」を読む。彼の意見はニューイングランドの高い教養のある男女の幾らかに影響を与えた。彼は結婚の主題についての見解によって顕著に目立っていて、結婚は単に一時的な契約であり、性格の不一致とともに好き嫌いの相性の欠如もまた離婚の十分な理由であると主張した。そしてこの点についての彼の見解は若者たちの間に広がり、そして多分、特に共同体の女性たちの間では広まっている。この問題に関する彼の原理の実際的な適用は、もしあまりにも悲しいものでないとすれば、こっけいなものになるだろう。ある夫が軽率な結婚の数週間後に妻に詩歌への愛がないことに気がつく。浪費癖のある妻が、二一着の新しい流行のドレスにお金を遣うことを夫が許さないことを発見する——これは三週間のニューポートないしサラトガへの旅行の必須条件《シネ・クア・ノン》だというのに——。この両方のケースでスピーディに法的解消を手に入れることができ、それぞれが自由にもう一度結婚の実験に挑戦できる——だが恐らくは同様の結果はありそうである。離婚法が非常に緩いインディアナとイリノイには現在二〇〇〇人が結婚の足かせ手かせからの自由を得るために居住している。

ドイツで生まれ育ちニューイングランドに移植された心霊主義《スピリチュアリズム》についてざっと目を通そう。数年前に、テーブルの周りに輪を作って座ることに世間で広く熱狂したことがあったが、それはこうした状況下で、無感覚の家具が決して現すことはなかったような破天荒な現象を惹き起こす力があると思われたからだった。気の小さいものはびっくりし、信じやすいものはうろたえ、牧師は頭が混乱し、学者気取り《サヴァン》りは電気の力について神秘的に語り、知性のクラクラする少数の人々は大急ぎで癲狂院《ルナティック・アサイラム》へと時ならず駆け込み、実用科学の人間はこの全体に軽蔑のまなざしを注いだ。そしてイギリスでは一、二シーズン後には熱狂は忘れ去られてしまった。

アメリカではそうではなかった。心霊主義《スピリチュアリズム》は信教へと成長し、観察と探求自体を要求した。合衆国における自然科学の分野の四人の最も学識ある教授は、さんざん時間をかけた分析の後で、それはインチキだという意見表明に挑戦したのだったが、しかしあらゆる実際的観点からして証明に失敗した。心霊主義《スピリチュアリズム》を明言している人数は六五万から二〇〇万人と見積もられている。彼らはすべての社会階層にみられ、なかには正統的教会の礼拝に規則的に出席している者もいる。より進んだ者たちは心霊主義を受け容れ、『大調和（*The Great Harmonia*）』と『深奥部（*The Penetralia*）』[45]を最新の聖なる啓示として受容しているが、これらは有徳で善良なすべての者から忌み嫌われているある人物の著作だ。彼らは最高教育を受けた者のうちに見出され、またもし望まれるのであれば数名の科学、文芸界に属する著名人の名前を言うことができる。彼らは自分たちの所属する会、新聞、文芸の世界をもっている。その後、人数でも御乱行の事例でも増え続け、現代の最も怪物じみた展開のひとつである。

心霊主義《スピリチュアリズム》の委細へ立ち入ることは、私の現在の目的と無関係であろう。ある有名な霊媒者は最近、自分の間違いを取り消し、「一部はペテンで、一部は軽信、一部は魔術」だと説明したが、彼は全面的に正しいと信じる。ニューイングランドには交霊術の集まり《サークル》のない町はほとんどなく、週に二、三回集まって、死者の霊、天国の天使たち、地獄の悪魔と本当のあるいは想像上の交流をしている。我々は職業霊媒師の話でなく、催眠状態で交霊をする紳士淑女、筆記霊媒者、口唇霊媒者たちについて言うのだが、彼らは悪魔ないしは軽信への愛が提案できるあらゆる道具立てと出会い、昔の魔術よりさらに悪いことを実践する。これらのサークルの人たちに対して人々は悪魔《アーチフィンド》のみならず、ずうずうしくも天使長ミカエルとガブリエルを呼び出す。拷問場所はその犠牲者を諦め、天国は身罷《みまか》った者を諦める。アブラハムとモーセ、ヘロデ王とユダが共に、重大このうえない喜びを与える場面の幾つかから、「司祭の才覚《プリースト・クラフト》」の断言を否定するために現れる。あるいは、より大胆でない下位のサークルでは、カエサルが戦記を、シェイクスピアが戯曲を書き続け、ベイコンは哲学の修正体系を創出し、サー・ウォルター・スコット（『アイヴァンホー』などの作者）が別の小説を書く。これらの虚構の諸作品は印刷出版され売られて称賛される。しかし、真面目なところ、別の世における天才の普及が、もしもこれらの仕事が表わす程度の偉大さだったとすれば、その崇拝者たちはこの努力に満足していたほうがいいだろう。別のサークルがあって、そこでは未来の事どもが啓示され、身罷《みまか》った霊が愛する人々に愛のメッセージを伝え、もうひとつの世の覆われた秘密をさらけだす。これらの罪深い再統合の神秘のうえに立て籠る、あるいはその信奉者たちが駆け込む他の極端について語るのは賢明ではないだろう。癲狂院《ルナティック・アサイラム》の統計が示しているのは、この現実と非現実の混合がどのような目標に向かって、神がお隠しになったものを知ろうとする欲望の犠牲者を不断に送りこんでいるかということだ。

しかし他の心霊主義者《スピリチュアリスト》がいて、静かに心と家庭のうちで信仰を育てていて、自分自身で見えないものと交流する「霊媒《メディアム》」である。これらは親しい人に死なれた遺族であって、夜ごとに、逝った者の霊との想定された交霊によって自らを慰め、霊的世界なりの説明を哀れな欲望とともに糧とし、彼らがとるであろう人生の各段階ごとに助言を探す。私は、そのような人々が、痛々しい喜びと痛々しい綿密さで対話を交わすのを聞いたことがあるが、それはあたかも、死が後に残した心の飢えが彼らによって大いに慰められているかのようであった。しかし私がかつて聞いた限りのところからは、ストウ夫人[46]とともに、次のように言い得るのみだ。すなわち、話していた霊は聖パウロや聖ヨハネの天国とは全く違う天国にいるに違いない――なぜなら、そこには新しい歌の反響がないのだから――。もしも美しく栄光ある「天国の諸聖人や諸聖霊」が脱ぎ捨てた身体のレベルより低く降りてきて、椅子とテーブルを使ってトントン叩《ラップ》いたり、奇術をしたり、キーキー音をたてて香具師《やし》の演技や手品をし、我々が自分でもっとうまく言えるだろうことを、侘しい単調さで繰り返すとすれば、私は悲しくそして覚めてこう言う――もしこれが死者との交霊であるならば、それ無しの方が最善だ。そして、もしこれが我々の世界で擦り切れた霊が夢見る不死性ならば、無と化する方が無限に望ましい、と。私は読者の前に心霊主義のいかなる実際も示すつもりはない。この主題に関しては「無知こそ至福」（知らぬが仏）だ。だが、私は次のことを示すに十分なだけ言った。すなわち、世界の最も教養ある人々の間には次のような一体系が存在する。それは、もし統計が信頼できるのならば、恐ろしい道徳的監禁の中に少なくとも六五万人が捕えられている——その体系は、もしそれが「軽信とペテン」のみならば、現代の放埒の最悪のものである。しかし、もしそれが「悪魔主義《ディアヴォリズム》」でもあるならば、現代の異端の最悪のものである。それはその怪獣性と支持者の数をたえず増やしつつあり、ニューイングランド最大の不名誉であり、宗教の影響に恥辱を持ち込み、教育システムの効果への重要な疑いを起こしている。

私はまだニューイングランドの異端と狂信について片を付けたわけではない。後者のうちに奴隷制度廃止論者を発見したときは驚かれる人がいるかもしれない。イギリスでは極めて一般的に反奴隷制度感情がある——特にアメリカのそれに対してそうで、それは「すべての邪悪の総計」と多くの人にみなされている。そして合衆国で真剣にこのシステムへの嫌忌、ないしはその消滅のための一定の計画を有していると考えられているただひとつの派だけが、大西洋のこちら側では同情を掻き立てているが、それはそれに価するものからは程遠く、そして奴隷制度廃止論者の性格および立場についての同調者の無知に正確に比例して与えられていると私は信じる。私はこの一派の説明に、その数的重要性が保証するかに見えるより多くのスペースを割きたい。その諸傾向は、ニューイングランドの宗教ないし非宗教に緊密に結びついている。

そしてイギリスの宗教的公衆の一定割合の者によって明らかに示されている共感は、アメリカのキリスト教徒がむしろ鋭く感じている不満の種である。私は以下に述べることについて誤解されないようにと特に心配している。私は奴隷制度の擁護論者ではなく、他のすべての暴虐と同様にひどく嫌っている。だが、しかし現在そうであるように、砂糖と綿花を栽培する諸州で利益をあげている限りでは、奴隷制度の消滅は期待も望みもほとんどない。私は、それ（奴隷制度）が維持されて、我々の世界の偉大な解放者の到来まで人間の悪の暗いカタログに付け加え続けられるのをたいへん恐れている。その解放者は全世界帝国の王冠を帯び、抑圧された者たちを解き放ち、すべてのくびきを壊すよう命じることだろう。「奴隷制度はひとつの悪であり、それの廃止は善であろう。従って奴隷制度廃止論者は良い人々の一組であるに違いない」。これはイギリス人の好む三段論法であるが、その真偽は明らかでない。

ニューイングランドのある派は多少独特の特性を持ち、現状の事柄の秩序と、連合の北部と南部のように互いに相反するような地域の間にある結びつきとに嫌気がさして、この結びつきの断絶を、あるいは奴隷保有者に対して彼らの人間の財産資産の損失へのいかなる代償もなしに奴隷制度を完全かつ即時に廃止することを目的とするひとつの協会を樹立した。この団体の創設者であるウィリアム・ロイド・ギャリソン[47]は公平に評すれば紛れもない博愛の人であり、幾つかの場面で自分の信念への忠実さを証明したというしかないだろう。しかしながら、この協会の元々の目的が何だったにせよ、それはひとつのアドラムの洞窟[48]になったのであり、そこに北部の党派的な精神が避難場所を見つけ、その年次大会は最低程度の政治的集会の格付けを得て、そこから奴隷とその利害がほとんど完全に消えてしまった。奴隷制度廃止論者の綱領は全く特異である。

「分離、革命、廃止！」彼らは公然と憲法を捨て、選挙では投票せず、いかなる政治的地位にも不適格だ。彼らはもっともらしい博愛主義の下にいる。彼らは多数の扇動的なパンフレットを、北部で大っぴらに、南部ではこそこそ印刷して回覧したが、これらは能力の疑わしい男女によって書かれている。彼らが金銭を支払った代理人は、精力的に北西部諸州を「遊説して回り《スタンピング》」、奴隷たちの間に小冊子を配布し、またブラッドハウンドの牙、耳裂き《イアスリッティング》、鞭打ち、焼き印、その他不成功に終わる逃亡の企てに付随するもろもろの危険に出会うことを恐れない人々のために移動手段を用意した。場合によっては上述の代理人の幾人かの熱狂が彼らの思慮分別に先立ってしまい、私刑法《リンチ・ロー》による短い裁判によって「タールと鳥の羽根《ターリング・アンド・フェザーリング》」の刑で「横木に載せられ《ライド・オン・ア・レイル》」違反を犯した地区から運び出されるのがしばしば彼らの運命だった。私は彼らの方角を誤った熱狂と同じだけ彼らの首尾一貫性を激賞することはできない。というのは、南部における一般的な感情に闘いを挑んで奴隷のために命の危険を冒そうというその同じ人々の幾人かは、北部における解放黒人への社会的ないし政治的特権のいかなる引き渡しにも反対するのだから。彼らは熱狂的にキリスト教奴隷制度反対協会に反対している。同協会はチング師[49]、チーヴァー博士[50]、ヘンリー・ワード・ビーチャー[51]がその誇りであったが、彼らの年次大会では例年悪口を浴びている。私はこの協会についての言及に幾分スペースを割こうと思う。なぜならばアメリカにおいて奴隷制度に反対しているキリスト教徒がそれから超然として立っていることにイギリスでは大きな驚きが感じられるからであり、またそれが重要かつ顕著なニューイングランドの展開であるからだ。私は奴隷制度に関する限り、その目的の怪物的な本質として我々が信じるものについては詳しくは論じず、それが啓示宗教すなわち「正統説」に対して行う戦いについては述べるが、その年次大会の短い報告がイギリス人の精神にはその他の何ものにも増して説得力をもってその現実の本性を示すだろう。私はその報告書の正確さについて保証するが、しかし正直に言えば、これは真実の一部だけを示すに過ぎないだろう。なぜなら、私は奴隷制度反対論者の綱領から吹き込まれた不敬虔によってこれらのページを損なうことはできなかったからだ。読者は心に留めておかなければならないが、これはある特定の協会の年次大会――しかも、その名目上の目的は四〇〇万人[52]の奴隷の解放であり、イギリスのキリスト教徒の中に多大の共感を喚起する協会の大会――の記述だということである。奴隷制度廃止大会がボストンで開催されるとの告示は社会のメンバーの多くを惹きつけ、暗く薄汚い古い劇場がこの目的のために借りられて、連続二日間彼らは集まった。この集会はアメリカにとってさえ珍しいもので、私は他のどんな目的のためでも、ひとつの部屋に外見上の特異さが非常に目立つ八〇〇人もの人々を集め得たかを疑う。紳士たちは大抵非常に長い髭を蓄え、非常に長い髪を真ん中で分け、多くが肩にかかった髪を丹念に巻き毛に仕上げていた。彼らの多くは尊師《レヴァレンド》の称号を付けていた。婦人たちは独特に不器量で、皆とうの昔に若さないしは美しさへのいかなる要求も捨て去っていた。彼女たちは一様にいかつい容貌をして、際立って男勝りのように見え、アメリカの軽蔑の言い回しで言う「男女同権主義《ストロング・マインディド》」の肩書を思い起こさせた。着る物にたいへんに注目が集まるこの国においては、全員の服装が今では時代遅れのスタイルだ。ボンネットが本当に顔を覆い、スカートはその長さと円周のどちらもが一般に広く流行しているものと正反対であった、ということは注目に値することだった。五人の婦人運動家《ブルーマー》
53 たちは、若さも美貌も見栄《みば》え良くできないように取り合わせに節約を見せた衣装を着けていて、注意を惹くのに完全に失敗していた。婦人運動家《ブルーマー》たちを含めてこれらの婦人たちの多くは女性の権利協会に属しており、「万物の霊長」(男ども)との完全な平等のために闘っていた。私はこれ以上不体裁な集会を目撃したことがない。

　大会の進行は、普遍的人間全般のために、特にここに集まった人々のために、その中でも参集した奴隷制度廃止論者のために、宇宙創造の神を呼び起こすことから開始された。ギャリソンが最初の演説者だった。彼は非常に強い言葉で正統派諸教会の態度を批判した。彼は、二世

紀にわたり正統派の実験を試み続けて来て、それは失敗であったにもかかわらず、アメリカはそれによって手足を縛られた、と言った。激しくはあったが、その言葉は神を冒瀆するものではなかったとはいえ、彼の敵意《アニマス》は真の宗教に向かっているものであることはあまりに明らかだった。ウェンデル・フィリップス[54]——その名前はイギリスでよく知られている——が次の演説者だった。彼の才能は偉大で、その雄弁はアメリカでは非常に高く評価されており、私は彼にギャリソンと共通する誠実さの利点があると信じ、他の問題についても満足をもって彼の言うことを聞くことができた。彼は宗教を貶《けな》し、憲法と諸教会に対して悪口を投げつけ、彼の魂は拘束の下にないと宣言し、［南北］分離に賛成する議論をし、合衆国はその役に立たなさの点で吹き飛ばされるべき籾殻《もみがら》だと申し立て、彼の仲間たちの合言葉は「革命に備えよ！」でなければならなかった。小話、弾劾演説、事実、ジョーク、想像、皮肉、機知、議論がひとつの流れに入り混ざっていた。彼はワシントンとイエス・キリストを人間性への逆賊として非難した——前者は憲法の創作者として、もう一人は新約聖書の創作者として、どちらも奴隷制度を奨励するというのであった。その後で彼は、マサチューセッツ選出の上院議員ビーチャーとチーヴァー、また政府と敵対している奴隷制度廃止論の最も危険な敵としての共和党、説教壇、その他の人間の身も心も奴隷化する諸団体を公然と非難した。数年前に州の船が進水したとき、悪魔がチャールストン（サウスカロライナ州南東部に位置する州内最古の港湾都市）の上を飛び回り、綿花の種を一粒落とし、それは急速に自由の原理を全滅させ、帝国を広大な綿花袋に変えた、と彼は言った。順次この国のすべての政治と宗教の諸制度は奴隷制度の権力へと渡っていき、今や奴隷制度廃止論者たちだけになってしまった。彼は独裁——その昔、プロテスタントとカトリック信徒を衝《つ》き動かし、彼らが出会うときには互いの喉に飛びかからんばかりだったような根深い偏見と敵意——のこの進行に対して、何かを欲していた。彼の演説の結びは耳を聾する拍手喝采を受けたが、それは次のような言葉だった——「私は奴隷制度に対して、以下のような敵意を持ちたい。すなわち、私が〈人の世のわずらいをなくす〉（死んだ）とき、科学者は私の骨組みを究極の分析に掛け、唯一の残滓としてサウスカロライナへの呪いを見つけるだろう」。奴隷とその状況は単に付随的に言及されただけだ。演説の主旨は正統教会と共和党への攻撃だった。幾つかの採決では共和党[55]への有罪申しわたしが読まれたが、それは高貴なチャールズ・サムナー[56]に名指しで言及する、乱暴極まる言葉づかいで言い表されていた。完全なブルーマーばりの装いの女性が夕方のセッションで最初に話し、もし正統派地獄があるのならば、チャールズ・サムナーはそこにいるだろうと宣言した。彼女は、自分は軽信と聖職者の知略の創造物——神と名付けられている——を否定するほど十分大胆であると宣言し、不敬と不信の口調で続けたが、これが女性の唇から出てくるときほど反発を感じさせるものはない。

次の演説者はマシュー・ハル[57]で、奴隷制度廃止のために北西部諸州を一二年間にわたり遊説して回ることに従事していた人物だ。人相が悪くずるそうに見えたが、表情と仕種《しぐさ》にはどことなく愛嬌があって、聴衆の好意を獲得していた。甲高い早口の大声で、——ヴァージニア人ではあるが——まねのできない鼻にかかった声で話し、演説は称賛すべき遊説演説の見本——騒々しい戯言《たわごと》、粗野なしゃれ、粗っぽい熱弁、説明しがたい熱情、全般的なインチキ——だった。彼はしばしばアメリカ風アセンズ（復古調ギリシャ風建築）の真ん中にいることを忘れた、というのは、西部の俗語の超過剰をほしいままにしたからだが、それは他のどの聴衆にとっても反発を招くものだった。彼は大体において非常に人を楽しませ、時々非常に力強く、しばしば大いに神を冒瀆した。あるメソジスト教会でウェスリーの言葉「奴隷制度はすべての邪悪の総計である」を喋っているうちに逮捕された顚末《てんまつ》、刑務所からの逃亡、その後の経歴といった人生の描写の後で、奴隷の宗教が競売人によって値段をせり上げるために用いられた方法について活き活きと説明した。「おお」と彼は真実を込め、しかし不敬にも「キリストは自分の戒律を守る者は自分の兄弟であると言われる——奴隷保有者はキリストの兄弟たちを売るのです。キリストは『神の霊が自分たちの内に住んでいる』（コリント信徒への手紙一、三・一六）と言われる——奴隷保有者は聖霊の神殿を売るのです。キリストは自分の民は自分と一心同体であると言われる——よって奴隷保有者はキリストその人を売るのです。ユダは奴隷所有者と比べれば紳士である。私はユダを愛す！　私はユダを愛す！　彼は幾らかの感情と良心を持った人間だった。彼は第三天国に、奴隷保有者は地獄の底の底へ行くだろう、というのは、奴隷保有者は二〇回以上も神を売り、しかも懺悔し、自分で首を吊って死ぬだけの嗜《たしな》みもないのだから」。これは大喝采を浴び、聴衆の共感は明らかにユダへの好感に肩入れしていた。

パーカー・ピルズベリー[58]が次に話した。彼は特にダドリー・チング師[59]とチーヴァー博士によって代表される「正統派《オーソドクシー》」に悪意ある攻撃をすることから始めた。彼の礼儀作法は静かで、言葉づかいは上品、意見は真面目で厳粛だった。彼は自分が無神論者であることを明らかにし、すべての教義と政府に対して敵対していると公言し、この世の奴隷制度派を罰したいと願っていた――来世では正統派の魂の滅亡のテロが頭上に振るわれることはないだろうから。彼は「メイスン・ディクソン・ライン[60]」の南部に住むすべての人に永遠の闘いを挑むと公言し、より良い人の言葉で、マサチューセッツの男たちはサウスカロライナの男たちと戦場を除いては決して会わないだろうと誇った。彼はチャールズ・サムナーは針路を誤り、小心で、弱く、つむじ曲がり、奴隷制度の勝利の立役者だとして説明した。ブキャナン大統領[61]を「境界線《メイスン・ディクソン・ライン》悪党の権化、不正の謎、霊魂消失の息子」として非難した。一人の有色人種がこの大会で本当に人を動かす力のある演説をし、彼は合衆国の最高裁判所と、「黒人には、白人が必ず尊重すべき権利はない」という今では有名な最高裁判所長官トーニーの判決を公然と非難した。彼が話した背景にある悪意と嫌悪の精神は、権利、特典、自由、国、家も有しない人種に属している人の上にほとんどぴったりと座るように思われた。

大会は二日間にわたって催され、二三人の演説があったが、それらは敢《あ》えて不信心な言行に満ち、人間に脅しと殺しの息を吹きかけ、「神の玉座とそれに座っておられる方」（マタイによる福音書二三・二二）を罵《ののし》った。私は敢えてただ最も害のない話し手のやり方の幾つかの例をあげてみたのだが、それに対してなにか批評するのは慎もう。その会合についてはただ、その功績として、人間性や博愛についての感傷的な、涙もろいうわべの言葉は全く無かったとだけ言っておこう。奴隷は、南部の半分に対してというより共和党と正統派教会に対して投げつけられた悪口の隠れ蓑にされたのでなかった。演説者たちは後者を「素性が知れず、卑しく、性悪、意地悪、軽蔑すべき、臆病」として特徴づけた。彼らは聖職者が「おしゃべりし、聖餐式のワインをがぶ飲みし、クスクス笑いをする」と評した。諸教会の悪口は聴衆を最も痛烈に満足させたように見えた――といっても、演説者たちは彼らの系統的な非道に対してはいかなる代替の案も提示しなかったのだが。これはひとつの独特なパラドクスに思われるのだが、永遠の魂喪失への不信心を宣言した人々が、彼らとは意見の異なる者皆の上に不断にその呪いをかけるのである。私はいかなる公的討論会でも、あまりに悪意ある感情を、あまりにひどい言葉で吐き出すような人々に、イギリス人の共感が自由に与えられることはほとんどないだろうと思う。

ストウ夫人、ヘンリー・ビーチャー（ストウ夫人の弟）、チーヴァー博士がこれらの政治的奴隷制度廃止論者と同一であると思うことは一瞬でもあってはいけない。彼らは奴隷制度の非道に反対して、悪い報告と善い報告を通して仕事をするが、しかし普通は前者がより多い。より雄弁な弁舌も、より有能なペンもその大義に動員されてはいないとはいえ、彼らとその友人たちはその組織と活動の宣伝――その点において奴隷制度廃止論者たちはあまりに名うてなのだが――において精力に欠けるのだ。

ニューイングランド諸州で主に展開したこれらの無節制は、大いに嘆き悲しむべきことである。しかし私たちは、神がその上に太陽を昇らせ、雨を降らせてくださる（マタイによる福音書五・四五）人々に柵を越えて慈善を施すのを控えめにするべきである。悪はしばしばぎらぎら輝き、善は音もなく、しかし確実になされる。いやしくも私が悪について誇張し、またはそれにあまりに強い光を当てて過ぎたとするならば、それは真理の強さと力を見せようとする意図のもとになされたのである。ニューイングランドにおいては、真実の宗教は政府から出下《いで》って感じられる優勢な影響である。ユニテリアニズムは下降しつつあり、その教義を広くいきわたっている宗教感覚に従うように変形している。勃興するさまざまな熱狂的信団《セクト》は公共の目の前にしばし輝かしい場所を占め、それから萎《しお》れて衰退する。無信仰は大胆にも前面に出て、特に奴隷制度廃止論者の討論会でそうだ。しかし他のどこよりも広まってはいない。聖書は真実と正しさの道徳の標準として大多数に受け入れられ、安息日は遵守され、宗教の影響と呼ぶべきものは国にいきわたり、そして何よりも、教会すなわち真実の貯蔵所には教義と実践において純粋であるとはいえ、そこには多くの暗闇が現れてはいるものの、さらに多く、はるかに感謝と望みを引き起こすものがある。私の信じるに、ニューイングランド諸州は世界の最も道徳的で、多分最も宗教的な部分であり、多分その人々の心のうちでは、神聖な信仰の遺産への愛が彼らの不滅の民主的自由の原理への執着と同じだけ強いのだ――これらはどれも栄《は》えある清教徒《ピューリタン》の先祖の遺産なのだ。

第七章　南部諸州と奴隷制度

イギリス人の心の中では、「南部」はその多彩な美、ほとんど熱帯の植生の森林、オレンジ林の香り、モクレンの花の濃厚な匂い、多彩な花々、真っ赤な羽根のフラミンゴ、太陽のよく照る気候がもたらすすべての産物を連想するよりも、すべてのことがそれに織りこまれているところの奴隷制度の大いなる呪いとの連想がある。キリスト教におけるこの汚点の存在はしばしば知らずにアメリカ全体に責を負わせられるが、これこそが多くの人の心に「大覚醒《グレイト・アウェイキング》」（宗教的ルネッサンス）の現実として、他の何よりも懐疑的な感覚を生み出すものなのだ。そして、宗教と奴隷制度は南部で共生することができるということは、非常にしばしば疑わしいのだ。以下の所見で、もしかしたら誤解されるかもしれないが、それは決して全体的に見て非難さるべきでないのだが、一部は奴隷州（南北戦争当時まで奴隷制度が合法視されていた南部諸州）に結びつけられたあらゆることについての偏見の結果であり、またある部分はその社会的・宗教的摂理に関する情報の一般的欠乏によるものだ。

私はしばしば、ニューヨークとニューイングランドに奴隷制度が存在するという認識に基づいて質問をする十分に教育された人たちに出会う。そしてイギリス人は総じて全くアメリカ合衆国の憲法に関して知らなすぎるものだから、奴隷制度は法令によって即座に廃止することができると思っている。実際問題として、議会はどの州においても奴隷制度に対しても干渉する力を持たないことは、ロシア政府がイギリスにおける日曜日の取引を禁じる力を持たないのと同じである。そして北部諸州のシステムの不正を糾弾することは、ナポリで施行される専制政治に対してイギリスに責任を負わせるのと同じくらいばかばかしいことだろう。それぞれの州は州内の取り決めに関する限りは主権国家としての力を持ち、その限界内における奴隷制度の廃止はそれぞれの奴隷州に属することで、共和国の他のいかなる権威にもよらない。ほとんどの人が持つ南部の知識は、ビーチャー・ストウ夫人の書いたものによる。そして、私は彼女の輝かしい言葉による描画の信頼性に対して、観察の及ぶ範囲にある限りにおいて完全に証言するに吝《やぶさ》かでないにしても、そうして得られた知識は非常に部分的であり、議論を基礎付けるに足る十分なデータをほとんど提供するものではないとしか考えられないのだ。

南部における宗教は奴隷制度と密接に関係しているので、それについて幾らか言及する必要がある。最も好意的な観点でも、それは真の宗教にとってひどく有害であることを示している。それは主人の冷酷、傲慢、驕慢な心を助長し、奴隷にはそれらに同類の不道徳を伴う卑屈さと不誠実を引き起こす。それは同様に自発的システムの働きへの重要な障害として作用する。まず第一に、互いに相手が居るところではめったに神の真理を聞けないような二つの階級が創られることによってなのだが、それは、奴隷たちが、自分を恥ずべき従属に置く人たちと接触するのに感じる絶対的な不本意のためである。第二にそれは、すべての人に対する恩寵の手段（礼拝・聖餐式など）を与えるのに好ましくない社会状態を作り出す。地域の少数の富んだ財産家たちが頻繁に合同して、彼らの馬や馬車で簡単に行けるような中心点に教会を維持するであろうが、しかし何百、何千にも達する被支配者たちは全く疎外されている。田園地方では奴隷所有者たちは宗教に反対しており、福音が奴隷たちに届くのは非常な困難を伴い不定期にであり、それは主にメソジスト派の巡回演説者の働きによるものだ。第三に、奴隷州の内一〇州では正義にもとる法律が奴隷たちに読み方を教えることを禁じていて、それで彼らの宗教の知識は生きている教師から口伝えに配布されなければならない。しかもその礼拝からさえ彼らはしばしば遮断されるのだ。イギリスでは、奴隷所有者は二階層に分かれているという印象が流布している。残酷で厭うべきリグリー（ストウ夫人の上記作品に出てくる残酷な奴隷仲介人）、そして愛想の良い夢想家セント・クラレ（同上作品に出てくるニューオーリンズの農園主）だ。一部は実際の観察、一部は信頼のおける情報源から引き出した知識から、こう言うべきだろう。その本性に残虐さを内在させているような人たちは、特に南西部諸州では、英国におけるよりも抑制なしにそれを実行するし、粗野な野蛮さが所有者ないしは監督者に対して明らかに証明されるような諸事例においては、罰則は非常に不確かだが、それは裁判官と陪審員が持つ白人への偏《かたよ》りによるものであり、残酷さの証明として一般に提出できる唯一の証拠は奴隷自身による証明だけであるが、それは法廷には提出不可能なのである。しかしながら、私は歯止めのない残酷さの実例は多くの人が考えているより遥かに少ないと信じる。というのは、奴隷所有者の大多数は他の人々と同じく利益と損失の計算に周到だからだ。人道主義的考慮とは別に欲得ずくの動機だけで、奴隷を私的傷害から守り、健康に良い食物、冬には暖かい衣類、十分な休養、最高の医療を手に入れるに十分だ。特に壮健な若い男は一人当たり二五〇ポンドで売られているのだから。さまざまな状況のために極南部では資産の多くは、地所に住む人々に対する親譲りの愛を持っている古い封建的所有者の手を離れ、全く欲得ずくの交易商人の手に委ねられつつある。後者は、抵当権保有者であれ地所の購買者であれ最高の利益率の耕作の見地しかない。そのような土地では規律は厳しく、黒人の道徳的、社会的状況は本当にかわいそうな状態である。南部奴隷州に対する奴隷制度への緩和的な影響を及ぼす北部の世論から離れて、彼らは最もいまいましい形の束縛のくびきを帯びている。希望について語る舌も、祝福された自由の土地へ導く手もない。それはただ遠く離れたセントローレンス川の英国の旗の下にある土手にのみ見出されるのだから[62]。

もう一方の側には多くの本性から人間的で優しい人々がいて、彼らは奴隷たちに休日、ダンス、バーベキューを与える。私は何度もジョージアの太陽の当たる海岸でモクレンとパームヤシの林の真ん中で奴隷たちが音楽に合わせて踊っているのを目にした。そして調子のよい声が「故郷の人々《ジ・オールド・フォークス・アット・ホーム》」（「故郷の人々（スワニー河）」――フォスターが作曲したアメリカ歌曲。フォスターは他に『おお、スザンナ』『オールド・ブラック・ジョー』などが有名）と「懐かしのヴァージニア」（J・A・ブランド作詞作曲）を歌うのを耳にして、多くの旅行者がその制度を誤って弁護するよう導かれていた状況に驚きを感じるのを止めたのであった。これらの慈悲深い人々の他に、（ある人々の心にはパラドクスと思われるであろうが）キリスト教徒の奴隷保有者がいて、奴隷たちにきちんとした道徳の監督を実践し、深く、いやむしろ苦痛に満ちて、彼ら自身の責任感を感じており、彼らと結ばれたすべての人々に宗教的教えと宗教的恩恵を与え、読書による教育は法律（多くのキリスト者がそれを正当づける理由を探している）によって禁じられていたので、多くの自分の時間を口頭で教えを授けるために捧げた。私はさらに、何十万という奴隷たちが、同じ数の他のどんな人種も、他のどんな状況においてもほとんど楽しむことのできないほどの〈幸福〉を享受していると信じる。欲望は満たされ、明日を煩うことなく、自由に愛し、愛され、情熱的に音楽とダンスを楽しみ、説教し、讃美歌を歌い、祈りを捧げ、彼らは「玩具《おもちゃ》のガラガラが気にいり、藁くずで擽《くすぐ》られる」と表現される類の幸せを楽しんでいるのだ。彼らは最も頑固な憂鬱症患者へも伝染性を証明する笑いを笑う。仕事しながら歌い、長い夏の夜を踊り過ごす。しかし、〈奴隷たちは幸福である〉ということは、奴隷制度に反対して提示され得る最善の議論をもたらすことになる。

残酷性に対する反抗の事例は時々明るみに出され、一般あるいは穏健な鞭打ちでさえ正当にも非難されるかもしれない。だが、残虐性の非難は制度に反対して持ち込み得る最も弱いもののひとつであり、ただイギリスとアメリカの間の相互の攻め合いを引き起こすだけであり、それによって奴隷の利益にとって全く得になることはない。

私はより高く広い見地から奴隷制度を非とし、その実際についての議論を全く断念し、ためらうことのない調子で「すべての人間は生まれながらにして自由かつ平等で、生命、自由、幸福追求に対する平等で不可分の権利を有している」（アメリカ独立宣言）という歴史的な言葉を用いたい。そして、私は、ひとつの憲法よりさらに「高度な法」をとる。この法は、正当にも人間的自由の原理を宣言したのであり、疑いのない権威と普遍的適用性を持った法――「なんぢら人《ひと》に為《せ》られんと思《おも》ふごとく人《ひと》にも然《しか》せよ」（ルカによる福音書六・三一）――である。そしてもし私のキリスト教徒の仲間で「白人が必ず尊重すべき諸権利は有色人種には無い」[63]という決定の正義を主張する者が、自らも自由、財産、分かつことのできない結婚の権利の放棄を良心的に宣言するのであれば、私は黒人がこの三重の剝奪――それは奴隷制度の真の本質と悲痛さを構成するものだが――に耐えるだろうと満足しよう。

南部の諸教会の全体的な観察に割くスペースはないが、簡単に、南部のすべての諸組織と一体の部分である奴隷制度との関連で述べよう。ほとんどの富裕なあるいは比較的高い教育を受けたプランテーション所有者たちは監督《エピスコパル》教会と長老《プレスビテリアン》教会に属し、前者への熱心な帰依《きえ》は彼らの間に広範に広まっている。監督教会には南部に活発な主教たちがいるが、ジョージアのエリオット主教[64]、ヴァージニアのミード主教[65]を特別に取り上げよう。前者は多少なりとも奴隷所有者であるが、無分別にも黒人たちを、人気のある洗礼派《バプテスト》説教師から引き離し自分の教会へ改宗させるよう努めている。南部監督派信徒は活発であり、彼らの間には多くの真実で影響力のある信心深い言行がある。都市部には長老派の大会衆がおり、素晴らしい説教壇上の力と真剣なキリスト教的情熱を持った人たちによって主宰されている。メソジスト監督《エピスコパル》教会は比較的教育水準の低い白人たちの間に何千人もの支持者がいる。黒人たちは、好きに自由に仲間入りできるところならどこでも、洗礼派やメソジスト派の教会に出席し、自分たちと同じ色の多くの説教者を有している。

　南部では目に見える宗教の影響があるが、このことに関してはほとんど心から受け入れられない人もいるだろう。リッチモンド（ヴァージニア州州都）、チャールストンその他の東部の諸都市では、安息日はよく遵守されており、外面的に立派な礼儀作法がある。実際、より昔からの南部諸州は我々（イギリス）の農業諸州とのかなり明瞭な類似性が無くはない。奴隷制度にもかかわらず、また奴隷所有者のあいだでさえ、「良いイチジク」（エレミヤ書二四・一―二）は「非常に良く」、キリスト教は大いに活気がある。さらに私の信じるに、北部のキリスト教徒以上に心から奴隷制度を憎み、その擁護論者であることは少ない南部諸州の何百何千もの住民たちがいて、彼らは奴隷制度の欲望とその苦悩に無関心であることがより少なく、新約聖書の中の自由の精神への共鳴はより大きいのだ――その自由精神は世界のあまりに多くの悪を使い尽くし、ついには奴隷制度と迫害のすべての痕跡を消滅させてしまう宿命にあるのだ。高いキリスト教徒の理想を持つ何百もの奴隷所有者は奴隷の福祉を促進し、彼ら自身、厳格な良心とキリスト教徒の忠節をもって奴隷たちに接しようとしている。しかし、注目すべきことだが「復興《リヴァイヴァル》」が南部諸州の中にほとんど浸透しておらず、南部のキリスト教徒から昇ってきた熱心かつ不屈の祈りはいかなる目立った聖霊のほとばしりによっても応えられていないのだ。

入り混ざったないしは不定住の人々の住む新しい諸州[66]と古いフランス人地域では、宗教面の影響は減少していて、ついにテキサスとアーカンソーの幾つかの地域ではかろうじて感知できるというところだ。南部の諸教会は活気においては北部の教会に比べて遥かに積極的ではなく、大いに宗教的飢餓の存在があり、それに対して南部慈善協会《サザン・エイド・ソサエティ》は部分的な救済策をとっている。一年に三回か四回だけしか福音書の説教がなされない地域が多くあり、そこでは諸教会の聖餐《せいさん》式の儀式はほとんど受けられない。南西部の幾つかの市町村は宗教による外部からの影響を受けておらず、ニューオーリンズはその法と秩序の総合的な軽蔑のために羨むに足らない悪名を頂戴している。南部人の礼儀作法は広く中世の騎士道の色合いが加味されていて、彼らが保持してきた封建的慣習と調和しているようにみえる。放埓の悪徳は絶頂に達している。少なくとも家族の内に一人もアルコール中毒者がいない家庭は幸福だと思われてもいいのだ。恐らく仕事の欠乏が、若者たちの間でこの悪徳が横行する要因のひとつだろう。ワイズ知事67は大いなる真実をもって「ヴァージニアの若者たちは祖父の墓上に引っくり返って、ブランディ・カクテルとジン・スリング(ジン・ウイスキーなどに水・砂糖・レモンなどを加えて冷やしたカクテルの一種)を飲む他に何もなすことはない」と言った。すべての年齢の男たちが田舎では手入れをされていない馬に乗ってのらくらしているのが見られ、都市部では短いコートに山高帽で本物のスペイン紳士気取り《イダルゴ》で口に煙草をくわえて通りをうろつき回っているか、バーで強いアルコールを混ぜたものをちびちび飲みながら地域政治の話をしているか、またはアメリカ人の気ままで突飛な態度で大勢がホテルの外に座って、明らかに退屈《アンニュイ》に貪り食われているかする。一般に「のらくら者《ローファー》」と呼ばれる者たちの過剰を目撃することなしに南部を訪れるのは不可能である。決闘は極めて普通のことで、ほんの些細な口喧嘩がしばしば血の終結を見る。武器の携行の習慣もまた頻繁に致命的な結果を招く。そして奴隷諸州を通じて法律は――私は心から信じるのだが――弱さの極致に到達していて、ときには他の商品のように売買されている。宗教の影響は北部でのように力強い勧告を実行するほど十分に強くない。奴隷制度に結びついているすべての罪を別にしても、私は南部における宗教の状態を好意的に考え得ない。もし教義の規準が正統派的であるとするならば、キリスト教の実際はあまりにしばしば矛盾しているし、諸教会は鈍感で、彼らの宗教の影響は認められる道徳の弛緩に対抗できるほどの十分な強さはない。説教壇はアメリカで最強の影響力を行使している。私はいかなる実践が、もし異口同音に表明されたならば、何年にもわたって公然の非難に耐え得るだろうかと思う。そして、ここにアメリカの諸教会の大罪と悪の中心地がみられる。この三〇年間の奴隷の力によってなされた大きな進歩は、主としてそれらに起因する。往時は南部の農園主は奴隷制度を、弱さと不名誉、彼らが自発的に免れたいであろう避けがたい悪徳として不平をこぼしていた。もし諸教会が決定的な方針をとっていたならば、彼らがどうしてもそうすべきであったように、奴隷制度は現在廃止が進んでいるか、またはアメリカの全公衆の感情は奴隷制度に反対の線で並んでいるものと私は信じる。しかし、彼らの影響と聖職者の裁可の下に南部は奴隷制度を「ひとつの父祖伝来の制度、ひとつの神の定め、主と奴隷を等しく利し、双方を向上せしむる、力強さ、富、権力として、現代文明の主柱のひとつおよび統制的影響」と見なすようになった。諸教会はその制度と一体に結び合わされていて、彼らは人間財を有して金持ちであり、さまざまな宗派の主教と聖職者、公務員、教会員《コミュニカント》が奴隷所有者であって、同朋――「聖霊の神殿」(コリントの信徒への手紙一、六・一九)だとみなしていると公言している――を売買している。私は奴隷制度が南部の説教壇では「世界がかつて見た中で唯一の成功した伝道制度」だとして激賞されているのを聞いた。私がその個人的な敬虔さについては疑いをさしはさむことができない牧師によって、次のような言葉が長老派教会の説教の中で使われるのを聞いた――「私たちは汝に感謝する、主よ、汝が血と炎の中で偶像が崇拝される未開の土地（アフリカ）から、大勢の者を我々の岸にもたらし、我々の足元に座り、汝の福音を学ぶようにし給いしことを」。

神聖な結婚の言葉――「死が我らを分かつまで」――が南部の聖職者たちによって、奴隷の場合には「私たちが避け得なく分かれさせられるまで」に歪《ゆが》められ、最高位の聖職者たちがこの人間性に対する卑しい蹂躙を言い繕うのみならず、良しとしているのだ！　キリスト者とキリスト教の聖職者が一緒になって人間から聖書を読む力を奪うというのは、幾らか独特のことだ。しかし、彼らは読書の知識は奴隷制度の全体構造を転覆させ、その暗い専制を覆すだろうことを知っている。南部のキリスト教徒が、奴隷制度の悪を支え、宥《なだ》めようと試みてそれに訴える詭弁と曖昧さの行使は、全人格に影響を与え、ひとつの主題について不断に捻《ひね》った推論をするよう習慣がついている彼らの心は、決して他の主題についても真っ直ぐなものにはならない。キリスト教と理性が非とするような体制への愛は、彼らと異なったすべてのものに対して悪意の精神を創り出すが、それはキリスト教徒の信仰告白には極めて似つかわしくない。私は南部の諸教会はみなチーヴァーの雄弁な舌が彼らに反対して発したすべての非難に値すると信じる。彼らは奴隷制度の大黒柱であり支柱であって、主題を再吟味するように南部を導き、奴隷制度を新約聖書によって喚起された神の定め、そして高貴な宣教的制度だと宣誓することによって、一般の感情を一変させ、南部の全政治家集団以上に［奴隷］制度をより永存させるようにした。

私は奴隷制度はひどく嫌いだが、しかし奴隷所有者を憐れむ――彼は世襲の呪いの犠牲者であり、彼の州の法律によって鎖に縛られ、拘束の中で堕落し、自由であっても望みもない人間財を相続する。そして彼の国のキリスト教、神の意志を解釈すると公言する諸教会の聖職者たちは、全力をあげて彼と彼の子孫たちに永遠に呪いを釘で打ちつけるべく幇助してきた。

南部には現在四〇〇万人の奴隷がいて、彼らはみな名目上キリスト教徒である。彼らが置かれている制度によって卑しくされ、覇気、将来に対する配慮、正直、真実さが不足している。それは、我々がそうと考えるような意味での完全な真実さが、他の点では言行一致しているこの人たちの間でいつも見られるわけではないということだ。この道徳的な堕落は黒人の場合だけに特有なのではない。政治であれ、教会であれ、社会であれ、それはすべての長引く暴政の不可避の帰結である。ファラオの下で捕らわれた後のイスラエル人の場合が一例である。モーセがエジプトの地から引き連れて行った以上のさもしい、より卑しい集団がどこで見つかるだろうか。真の宗教は奴隷のために多くをなす。そして地上の束縛のくびきを帯びた何千もの人々が、キリストが彼らを自由にしたところの自由の中でしっかりと立っている。彼らが生きた現存の救い主としてのキリストを信仰するその仕方には、なにか格別に感動的で質朴なものがある。『アンクル・トムの小屋』の主人公たちの特質は——この点に関して——作り話でないということだ。ほとんどの南の方の州では、非常に多くの現実の敬虔さが入り混じり、特別のほとんど熱狂的な情熱があり、それは、決して『ドレッド』(ストウ夫人の第二作品)の中の野外集会の話によって茶化されるものではないうめき、身振り、怒鳴り声によって顕示される。これらの集会の熱狂的興奮によって、白人に及ぼされる影響がなんであっても、それらは奴隷にとっては大いなる楽しみの味付けとなっている。都市部ではアフリカ人たちは一般に平凡な諸教会で礼拝をする。彼らは有色人種の説教者を好むが、しかし最近の地方の法律は幾つかの州で彼らの宗教的優遇を大幅に制限している。私はその聖職者を買った隆盛な黒人の会衆を知っている。しかし、黒人は財産を持つことができないので、取引は不動産権利証書などを持つ白人を通して行われた。これらの説教者の中には言葉が非常に説得力があり、そしてけっして醜悪《グロテスク》ではない人々がいる。

リッチモンドにはアフリカ浸礼《バプテスト》教会があり、三〇〇〇人以上の信徒がおり、称賛に値するキリスト教信仰告白をしているが、そこでの礼拝の説明は、どのように黒人が神を崇拝するのか示している点で興味を惹かれるかもしれない。礼拝は一八五八年の最後の安息日に開催され、そのとき、リッチモンドは翌週の間に売られるか借りられるかする黒人たちで混雑していた。

教会は質素な低いT字型の建物で、奥行きのあるギャラリーと二〇〇〇人分の席があり、このときほとんどが埋まっていた。女性たちは教会の片側半分に座り、男性たちは反対側に座った。よく磨きあげた靴のように光った顔の黒人たち、茶色の男たち、黄色の男たちがいた。灰色の縮れ髪が黒い肌と強くコントラストをつくりだしている年寄り、素晴らしいファッションの服を着た若者がおり、皆タバコを噛んでいた。わずかに縮らせた髪以外には彼女たちが先祖をアフリカに持つことを示すものがない茶褐色《ブルーネット》の美しい若い少女たち、喜びで輝く大きな顔をした巨体の太った「黒人乳母たち《マミーズ》」、燻製にしたような老婦人《クローン》――彼女たちは身体を前後に揺さぶり、絶え間なくぺちゃくちゃ喋っていた。若い女性たちは華やかさ極まった色合いのドレスと小さなボンネットを着け、彼女らの女主人の脱ぎ捨てた美しい服をとても場違いに着ていた。

聖職者が到着する前に人々は口と目を膨《ふく》らませて歌い、足は重々しく拍子をとっていたが、多分習ったのでない称賛が、人間が見るようには見られない(サムエル記上一六・七)御方つまり主に捧げられたすべての国々の大聖堂の和音以上にきれいな音楽を奏でていた。

牧師は最初に祈りを捧げるために一人の長老を呼びあげた。この祈りへの称賛は、「野外集会《キャンプ・ミーティング》」[68]の規律を欠いた誇張された物語からもっぱら黒人の崇拝の観念を引き出している人々にとってはいささか常軌を逸したものに思われるかもしれない――というのは、野外集会においては、考えの奇異さに匹敵するのは言葉のおかしさだけだったからだ。この祈りはすべて——言葉のふさわしさ、作法、事柄——を考慮に入れれば十分保持される価値があった。それが終わる前に、出席した白人のほとんどの頬を涙が伝った。一人の裕福な奴隷所有者はワッと泣きだした、というのは、崇高さ、簡潔さ、哀愁《ペイソス》の力があまりに大きかったので、——たとえ、会衆の間に自然に起きて来さえする悲しげな声、うめき声、そして「アーメン」の声にもかかわらず、また十分に聞き取れた「おお愛しい御方《ディーア》よ！　おおお許しください！　おおイエスよ！」の囁きにもかかわらず。長老は非常に暗い黄褐色の混血《ムラト》で、もじゃもじゃの毛、平べったい鼻、厚い唇だが、しかし賢そうな額と素敵な表情の顔つきをしていた。

　彼の祈りは深い罪の告白から始められ、それから神の善さと叡智の礼賛の崇高な表明、特に贖いの枠組みによる実証としてなされた。次に感謝の祈りだった。これらの奴隷の身に落とされた者たちへの慈悲に対して神への感謝を捧げるのを聞いて、多くの不平不満の心を持つ者たちは恥じることだろう。これに続いたのは英国の嘆願《リタニー》（一五四四〜四五制定）のように包括的な祈願であった（雇用期は新年においてであり、この五日後に、売られた者の他におよそ三五〇〇人の黒人は主人が替わった）。彼らの力の及ばないこれらの変化を指して、彼は次のような言葉を用いた——「すべての変化を通して私たちをお導きください。私たちを汝の家から遠く離れてお連れにならないでください。あるいは、もしシオンの集会から追い出されてしまうのならば、汝の存在が私たちにとって地上の神殿より良いものでありますように。おお、私たちを出来得る以上のところに、誘惑しないところにお連れください！　私たちを低め、従順にそして堅実にしてください。キリストのように、私たちが他の人々をして神の愛を勝ち得るようにさせて下さりますように。私たちは一年を通して兄弟として会ってきました。願わくは、私たち皆が、時が年をもって測られず、変化によって印づけられもしないところ――より神聖な天上のエルサレム（『新エルサレム教会法典』を参照）――で会えますように、そこでは罪は片づけられ、別れというものは知られておらず、神ご自身で私たちの目からすべての涙を拭われます！」

情感の真剣さと聖書的な本性は、黒人の敬虔さに精通している者を驚かすことはなかっただろうが、しかし言葉と作法は非常に注目すべきものだった。その長老は明確な言い回し《アーティキュレーション》と純粋な発音の仕方で最良の英語を話した。私は決して彼が用いたどの言葉にも勝って代わり得る別の言葉を見つけることはできなかった。彼の声は豊かでよく加減されていて、彼の作法は深く崇敬の念に満ちていた。そして彼の考えと情感の美とは別に、言葉とスタイルは最も高い教育を受けた聴衆の耳と趣味を楽しませたことであろう。聖職者は教義というよりは実際について考察して、ひとつの素晴らしい説教をし、それに二つの称賛すべき祈りが続いた。群集はこの後で散会しだしたが、しかし大声だが調和のとれた歌声の沸き起こりで引き留められ、それは夜の影が皆に家に帰るように警告するまで続いた。

そして、ここにいた男性たちは私たちに結び付いているのだが、それは共通の人間性によるだけではなく共通のキリスト教、同じ神の子、同じ不死性の共同相続人の、より強い紐帯で結ばれているのであって、彼・彼女らの多くは疑いもなく来るべき天国を相続すべき者たちなのだ。だが彼らは「動産」であり、それについては国の最高の法的権威が次のように宣言しているのだ――「彼らは白人が必ず尊重すべきいかなる権利も有さない[原注3]」[69]と。彼らは生まれながらにして束縛の世襲財産に属し、法律は彼らの胸の中の愛と望の感情をすべて滅却するように追求した。彼らは解消不可能な結婚も、自由も、国も、そして家庭も持っていない。彼らの徳は称賛を勝ちえず、彼らの間違いに同情はない。彼らは野の獣《けだもの》以上の神聖な権利もない。だが、今なおこれは南部のキリスト教徒が固執し言い繕う制度であり、その前で諸教会が塵を舐める（ミカ書七・一七）のだ。次の安息日の前にこの教会の礼拝者の多くがリッチモンドの通りと競売所で売られた。妻たちは夫たちと離され、父たちは子どもたちと離されて送られ、欲得ずくの売買人の利己的な保護の下で、カロライナの荒涼とした米作湿地の中で報酬も無しに骨折って働き、またはアラバマやミシシッピの寂しい砂糖プランテーションで働くのだった――そこでは奴隷の泣き声は届く耳も突き刺す心もなく、ただ「しいたげられた者たちを自由の身とし、すべてのくびきを打ち砕く」（イザヤ書五八・六）という神のそれだけがあった。このときの少し後で一人の奴隷が取引人とその他の人に囲まれて町の競売台に立った。「動産」の筋骨たくましい姿の展示の後で、競売人は彼をこのように称賛した。「こいつはご覧の通り優秀な黒んぼ《ニガー》で、もうじき二八歳、樫の木みてえに頑丈で、正直でよく働きまじめだ。こいつには鞭で打たれたあともねえ」。最初の付け値は一〇〇〇ドルだった。「あんたがたは、あんたの女房や子ども、あんたの鍵束と金をこいつに預けて信頼できるよ」。——一一〇〇ドル、一二〇〇ドル。「こいつは四年前に改宗して、あんたらの家畜の中では説教できるほどだぜ」。——一二五〇、一三〇〇、一四〇〇ドル。「こいつは信仰を持っていて、祈ることもできるし、歌えるし、説教だってできる。十戒も全部守ってるし、主教さんはだしに説教することだってできるよ。」活気づいた競りの後でそのキリスト教徒の奴隷——南部教会の長老——は一八五〇ドルで「競り落とされ」た。

奴隷の力強さ、若さ、能力は一二〇〇ドルで売られ、彼の内のキリスト教、聖霊の命はプラス六五〇ドルというわけだ！　真実のところ、キリスト教がそんなにも高い値段を付けられる国はほとんどない！　私が直接に注意を向けたいと思う重要な点はこうだ。つまり、南部の正統派諸教会が奴隷制度の大きい防護壁なのだ。彼らはアフリカでアフリカ人に教えるために宣教師を送り、他方でアメリカにおいてアフリカ人に同じ特典の禁止を維持するという紛れもない自家撞着を犯しているのだ。

〔原注3〕「ドレッド・スコット」裁判に関する合衆国の最高裁判所の決定を見よ。

最後に生まれた強大な国、最もよく教えられたもの、殉教者と信仰告白者、死につつある愛国者が世界に遺贈したすべての偉大なものの遺産の中で最も豊かなものが、すべてのキリスト教国家の中で愛の法に対して最も臆病であり、弱者に対して最も高慢、望み無き者に対して最も横暴なのは悲しいことだ。もしもいまひとつ憂鬱で恥ずべきことがあるとするならば、それは福音書の道徳律の宣教を唯一の目的として設立された諸教会が、抑圧が創り出し得るあらゆる不道徳性に感染した、あらゆる悪――福音書が意図しているのはその軽減だ――によって圧し拉《ひし》がれ、福音書が救い出そうとしているところからのすべての有害な間違いによって損なわれた四〇〇万人の人々のために証言することを拒んでいるのを見ることだ。

南部のキリスト教は詭弁と言い逃れによって質を損なわれており、決してある水準の上にいくことはない、というのは、宗教の進歩は悪との妥協とは相いれないものであり、恐ろしい手の中に「公平無私な裁き」(『マクベス』第一幕第七場)の天秤を持っている者は、人間の最高の者についてさえ、恣意的な詭弁の諸帰結に耐え得ないだろうからだ。神の愛の目の前において、そして啓蒙されたキリスト教の温情ある光の下では、人種と肌色の違いは消え失せる。ただ一人の遍《あまね》き父がいる。ただひとつの家族がある。ただひとつの兄弟愛がある。人種と数えきれない無限の人間すべてを貫き、ただ一人の異邦人も、余所者《よそ》も、外国人もいないのだ！　我々は皆互いに兄弟であり各自は互いに所属し合う部分(ローマの信徒への手紙一二・五／エフェソの信徒への手紙四・二五)なのだ！

第八章　西部の諸相

西部は将来について言えば、アメリカで最も興味深い部分だ。そこは人間の宿命の最大の問題のひとつが演じられるのに似つかわしい劇場である。それは指導的な諸人種の代表者たちがより集まり、すべての卓越した道徳的、社会的、宗教的諸風潮の代表が集まる劇場だ——そこから帰結が導き出されるべきだ。問題は広大で、その進化の場面はその大きさに通底する。西部の物質的な基礎の限界のない壮大さを強く印象付けられるためには、大西洋からセントルイスまでのちょっとした旅を必要とする。一日あれば風の翼に乗ったかのようにニューヨークの諸都市、村々、小麦畑を通り過ぎる。次の日、私たちは最も高貴な諸内海のうちのひとつの波に乗り、三日目は荘重な森林の奥深くを通って運ばれ、四日目には、あまりに広大で思い出そうといたずらに試みる想像をはたと困惑させてしまう大草原《プレーリー》の上を飛び去る。そのときでもまだ、鋼《はがね》の輪（道鉄）に乗って大陸の半分も渡っていず、ようやく西部の中央大動脈、すなわち航行可能な二万マイルにわたる支流を有する大いなるミシシッピ川、その豊かな谷はヨーロッパと同じ程の人口を支えるに足る植生を持つ。そしてこの経路《コース》にそってずっと町々と諸都市があり、これらは最近造られたばかりで、その素晴らしさはそれらが植民された国より劣るということはほとんどなく、生気に満ち、文明の諸道具はそれを求めてヨーロッパとアジアからくまなく探し出されて、まさに個々の戸口に持ち込まれていた。そしてこれらすべての湖、大草原、森の富は西洋文明の物質的基礎に過ぎない。西の諸境界の内部では、ローマ帝国の最盛期に話されていたよりも多くの言語が話されている。これまで同じ政府の下にかつて会したよりもさらに多くの人種がそこに集っており、人間の平等の権利のための彼らの訴えが大草原《プレーリー》を共鳴させ、森林を興奮でうずうずさせる。そこで白人と黒人の両極端が出会い、アジア人たちはすでに太平洋海岸に群れをなし、先住民のインディアンたちは服従することを潔《いさぎよ》しとせず、永遠に沈む太陽について行き、コーカサス人はドイツ、ケルトとアングロ・サクソンの三つの異なる主要変種に分かれ、これらすべての真ん中で調子が合わせられ、行進を率いるのはそれらの中で、その前進において決してためらうことなく、すべての風土へと移住し、そして強い持久力と融通性を持っているのでどこでも成功する者だ。西部では時代の大きな諸傾向が他のどこでも知られていない急速さで自ら発展しており、唯一無二の終着点に向かい前へと押し進めることができるが、それは、政府の特質によって、そして教会と国家との分離によって助けられているからだ。そこではすべての文明の同族と言語が出会い、天国の空気のように自由な諸制度の只中でそれらは混じり合い、ひとつの人種に成長する。

西部の住民は非常に入り混じっている。その構成は、生え抜きのアメリカ人——多くはニューイングランド諸州の出身——、イギリス人、アイルランド人、スコットランド人、スカンジナヴィア人、ドイツ人、フランス人、ポルトガル人、イタリア人が含まれる。ひとつの政治システムによって変形されてはいるが、さまざまな国民の諸特性は非常に顕著だ。イギリス人は筋肉質の身体と薫陶されない心、あまりにしばしば節制を欠いた性癖、自分の宗教的福利についてのかたくなな無関心を持ち込み、アイルランド人はローマ・カトリック教と司祭たち、向こう見ずさ、温和な諸気質、同族愛を持ち込み、スコットランド人は堅実な教育、排他的な国民性の感情、強固な目的意志を、ドイツ人は優れた工業技術、倹約の習慣、社会および宗教の諸理論、それとしばしば無信仰を、フランス人は気まぐれとだらしのない道徳、イタリア人はそこから逃げ出してきた専制政治への深い嫌悪を持ち込んだ。これらすべての者が、自分たちが知っているもの以上のより良い何かを切望している。それはしばしば彼らの理解の範疇を逸するもので、こちら側の天国にはエデンの園もなく、「人民主権」の煌《きら》めく星の下にさえ黄金時代は存在せず、ヨーロッパと同様にアメリカにおいても悪と罪に対する罰はあることを教える。

移民たちが考える最後のものは宗教の礼拝のための準備だ。エル・ドラド（黄金郷。一六世紀に宝を求めて探険家たちが探し回った南アメリカの伝説の地）の夢に失望させられた怠け者と夢想家、彼らの罪のために追放された者、その唯一の資本は不満からなる無一文の扇動家、規律のない冒険家、全ヨーロッパ、全アメリカから溢れ出た背教者——これらが高潔な、尊敬すべき、勤勉な人々と一固まりになって混じり合う。このような不協和音的な材料をもってすれば、旧世界の最悪の特色の幾つかが新世界で再生産され、その法律は力のあるものを失い、狂信者と諸信徒は多数の支持者を得、あらゆる主義《イズム》が繁茂し、悪は時々、たいがいは一時的であるが勝利を得ているとしてもなんら驚くに値しない。悪徳の密使は西部を服従させようともくろみ努めて止むことはない。ローマ・カトリック神父、無神論的扇動者、社会主義を原理とする社会改革の公言者、モルモン教の仲介者たちが、「この世の神」の側に結社《ファランクス》を形成してきている。善の側においては、西部の発展の初期の段階では、媒介者たちは弱々しく見える。その主な構成要素はニューイングランド諸州からの移住者であるが、宗教と道徳のパン種、安息日、集会所、学校を携えており、また真の伝道精神のしみ込んだ高潔な人々で、高い委託を受けた神のために、辺境の生活の不便と新しく開拓した土地の寒さや熱さに耐えている。もし人間の働きが天上《オン・ハイ》で記録される価値があったとするならば、それはそのような伝道への貢献の行為であるべきだろう。そしてそれらを実行し、風土病に屈する者は「高貴な殉教者の軍」の中に数え入れてしかるべきだろう。多くの地域では宗教の欠落が大いにあるものの、有利な地歩は断然真のキリスト教によって勝ち得られてきて、西部は強力な宗教の影響を証明している。この望ましく、ほとんど期待されていなかった結果は、ある部分は東部諸州からの尊敬さるべき人々の移民の増加によってもたらされたのであり、彼らはヨーロッパからの大量の移民を感化したのであり、宗教礼拝のための設備を必須と考え、諸教会と日曜学校を設立した。また一部分は、カトリックで強力な二つの仲介者たるアメリカ小冊子協会《トラクト・ソサエティ》とアメリカ日曜学校連合によるのであり、またある部分は東方教会・ギリシア正教会によるものであるが、これら諸教会は西部の色づいた収穫（はや黄みて収穫時になれり［ヨハネによる福音書四・三五］）の中に、内地伝道協会《ホーム・ミッショナリー・ソサエティ》による福音主義のより強力な努力への呼びかけをみた。またある部分は、観察すると嫌でも目に入る進歩の法則によるが、さらにこれらすべてを越えて、一部分は、風のように動く目に見えない働きを持つ恩寵の聖霊によるものであって、これが大西部に再生の影響を吹きかけたのだ。

オハイオ、ミシガン、インディアナ、イリノイの各州では社会は比較的落ち着いた様相があり、諸教会はニューヨーク州のそれと同じほど完全な組織を有している。シカゴ、シンシナティ、デトロイト、クリーヴランドなどの大建築教会は、良い趣味で優雅に建てられ調度されている。シカゴのある教会は華麗なゴシック様式でロンドンのマーガレット通りの万聖《オール・セインツ》教会[70]に間違いなく比肩しているようだ。これらの諸教会の内装の慰めは、一般にどのアメリカの教会とも同じく、確かに人々をして献身と注目を払わせたく思わせるものだ。西部の聖職者たちはしばしば説教壇の大きな力をふるい、落ち着いた地区においては、教会施設は人々の欲求に応分に応えている。

オハイオ州は、四〇年以上は経っていないとはいえ、ニューヨーク州とほぼ同じほど住民が定着している。この州については、インディアナ、イリノイ、ミシガンの一部でもそう言うことができるかもしれないが、住民が東部諸州と異なるのは、主としてより貴族的ではなく、より教育レベルが低く、より移動力があるという点である。オハイオの宗教は非常に影響力があり、それと結びついた二つの名前はイギリスで広く知られ、大いに尊敬されている――それはマクルヴェイン主教[71]とC・G・フィニー師[72]だ。前者は大いなる学識を使徒的な力および伝道への情熱と結びつけ、後者は説教壇で、そして復興《リヴァイヴァル》についての講義で著名であり、多少とも有名な教育施設であるオウバリン・カレッジ（日本の桜美林大学は姉妹校）を設立した。

インディアナは宗教的影響はより少ないが、その安息日法は非常に厳しく、日曜学校制度は非常に効果的である。ミシガンの南部分はオハイオとほとんど異ならない。最近樹立された村々でさえ宗教礼拝の準備が整えられている。私は森の入植地でしばらく過ごしたが、そこでの最も古い家でも一五年しか経っていず、人口は五〇〇人であるが、福音主義的心情の聖職者の主宰の下に五つの教会がある。ミシガンは長老教会のダフィールド博士[73]とペイタースン氏の疲れを知らない働きに、そして、その心情は福音主義的ではないがマコスクレー主教の活力に多くを負っている。マキナック（マキノー）海峡とスペリオル湖の間に位置するミシガン州の北部の半島に、非常に多くのウェールズ人とコーニッシュ人（英国コーンウォル出身者）の鉱夫たちが入植している。彼らの利益のためにいろいろ努力がなされたが、それでも確かにこの国のこの地方は私が訪れたどこよりも無宗教のありさまが見えている。東イリノイと南ウィスコンシンでは、住民は非常に混淆されているとはいうものの、宗教の影響はまだ強く、それも互いに異質の大衆に対する強力な抑制として働くに十分である。シカゴ、ミルウォーキーなどの大都市では、ドイツ人の要素が非常に強力で、人口の四分の一からしばしば三分の一にも上る。ドイツ人たちは身体の休息の一日として安息日を遵守するわけではなく、これらの町々のドイツ人地区では多くの商店は慣習的に開いている。それでも、もしこれらの都市を概観するならば、安息日の遵守は最も印象深い様相だろう。商店は一般に閉められており、旅行は止《よ》して、通行する馬車も通りで目にすることは少なく、どの日曜学校も教会も人が殺到しており、上品な雰囲気がすべてのものにいきわたっている。これはあの大陸西部の驚異たる巨大都市シカゴで最も顕著であるが、そこでは一週間のうち六日間は休息のための中断をほとんど目にすることはなく、しばしば仕事は昼夜兼行で続けられているのだ。

安息日にはひっそり感が見て取れるようだ。静穏さにはなにかほとんど驚異的なものがあり、それが破られるのは主として礼拝へ行き来する何千ものどしんどしんという足音である。シカゴからほぼ［西北西方向］直線上のフィーヴァー川沿いにガリーナ、ミシシッピ川沿いにダビュークがあり、雨後の筍のように新興する西部の成り上がりの町々の格好の見本と考えられ、うち続く喧騒によって特色づけられる。ガリーナは安息日には完全に安らっており、商店はすべて閉じている。ダビュークでは、「船着き場《レヴィー》」でセントルイスからの往復船便が多少のざわめきをたてているものの、通りにみられるほとんどの人々は礼拝に行き来する者であり、土曜日と日曜日の対照は想像の限りである。オハイオ川、ミズーリ川、ミシシッピ川沿いには小さな入植地が無数にあり、森林と区別するのが難しいほどで、定住聖職者はおらず、そこでは休止を知らない河川通行が安息日の神聖を汚している。セントポール市はメキシコ湾から二二〇〇マイルのミシシッピ川岸に位置し、一万六〇〇〇人の住人がいる。ここでは――我々が最も期待できかねるところなのだが、何日間かこの強大な流れの曲がりくねった迷路に沿って岩と密林を通った後で、繁栄した宗教諸組織が文明の付帯品の多くに先んじ、有能な聖職者たちによって主宰されている一四の大きくて立派な建物の教会があるのを発見する。荒野の中のこの市における安息日の遵守と宗教の影響は多くの旅行者たちによって論評されてきた。この安息日の静寂はしばしば選択の結果というより必要性の結果である。西部でビジネスに関わる多くの男たちは、もし出来るものならば安息日にも旅行したいだろうが、日曜日に「全通」している列車はないのだ。幾つかの鉄道では安息日にはたった一本だけ走っているが、その他は全く運行されていない。西部諸州の厳しい安息日法が、安息日の実体的価値への最も強力な立証となっている。それらは主権を持つ人々の意志の、そして、この地球上で最も忙しく最も休息のない人々の次のことの確信となっている。すなわち七日間に一日の休息が人間の身体的、道徳的、知的福利のため絶対に必要であるという確信だ。

宗教の様相について不完全ではあるが概略を述べたこれら諸州を越えてあの広大な「極西部」が横たわるが、その地域を確定するのは難しい、というのは、文明の境界線は絶えず前進を続けているからだ。頑強な開拓者たちの斧の音がミズーリ川とプラット川の水源地を取り巻く森林に聞こえ、巨大な人口の潮流が太平洋の岸に突然に出現し、二、三年で多分鉄道列車交通がロッキー山脈の谷間を縦断するのを目にするだろう。極西部では、新しい共同体群が穀物の種子を蒔くための場所を確保するために森林の木々と戦っていて、そこではインディアンたちが無限の大草原でバファローを追い、西部開発の厳然たる障壁たるロッキー山脈の頂上が夕日に紫にかすむ。その宗教の様相に私がいま一望を提供しようとしている極西部には、西イリノイ、北ウィスコンシン、西アイオワ、カンザス、ネブラスカ、ミネソタと西ミズーリが含まれる。これら諸州では、成人した先住民には、その州で生まれた者はほとんどいないか、もしいたとしてもごくわずかであるが、彼らは極西部に到着する以前に、彼らが有する教育は手当たり次第なんであれ受け、かつ善悪の両方の慣習を形成していたのだ。

すべての教養ある読者たちは次のようなことを知っている――すなわち、ミズーリの「境界線《メイスン・ディクソン・ライン》の悪党」74について、対立する諸勢力の戦場に落ちぶれてしまい、まず始めに血と炎の洗礼を受け、お終《しま》いに不安定さが慢性化した状態へと沈下したカンザスについて、文明の辺境《フロンティア》でのインディアンの戦闘の話について、ミシシッピ川の無法状態とその強大な流れを航行する無数の蒸気船の上での人間の命をものともしない無謀さについて知っている。これらのような事柄、あるいは、人々の意見では今まさに西部諸州に充満しようとする瀬戸際だという無政府状態について、これ以上敷衍《ふえん》する必要はないだろう。

善は悪にも増して驚くべきことである。どこででも粗っぽい社交の作法が遵守されていて、最も礼儀正しいサークルにふさわしい女性に対するうやうやしさと尊敬は、最も野蛮な地域においてさえ普通に見られる。

極西部では住民は広漠とした大草原《プレーリー》と森林に散らばって住んでいて、この人口の半分は定期的に施されるいかなる福音の影響下にもない。しかしこれらの人々の多くが、もし自由に任されれば、ほとんど異教崇拝以上に悪い状態にどっかと腰を下ろすことになってしまうだろうが、彼らの間では内地伝道会《ホーム・ミッショナリー》、小冊子協会《トラクト・ソサエティ》、日曜学校連合《サンディ・スクール・ユニオン》が大いに恵みを与えている。これらの第一のものは見捨てられた地域に不断に宣教師たちを送り込み、諸教会を組織している。第二のものは年ごとに何百万という役立つ刊行物を頒布《はんぷ》することによって土壌の準備に勤しんでいる。イリノイ、アイオワ、ミズーリの三州では、この協会は年に三〇～六〇人の聖書販売人《コルポーター》を雇い、彼らは去年およそ六万の家族を訪問した。彼らの控え目な働きが無駄でなかったことの豊富な証拠が得られている。日曜学校連合はなおいっそう効果的である。そしてこの五年間に一万二〇〇〇を超える学校を組織し、七万八〇〇〇人の教師、五四万人の生徒《スカラー》を擁《よう》した。西部ではスコットランドのウェスターン・アイランズにおけるように、安息日学校はしばしば最初の宗教的組織である。日曜学校中央連合の援助を得て、大草原や森林の入植地に少数の信心深い人たちが安息日学校を設立し、それが若者たちの宗教的関心を覚醒させる。親たちはすぐに喚起されて祈りの集会が設立され、聖書の解説が与えられ、粗造りの教会が建設されて、一人の牧師が「荒野の羊」（マルコによる福音書六・三四）の面倒をみるために呼ばれる。彼の住み家はしばしばただの丸太小屋で、これらの入植地が提供できるわずかな聖職給は必然的に「びっくりパーティ」と「献金集会」によって補われる。西部における大学教育の推進のための協会――今では一六の揺籃期の大学《カレッジ》の援助をしている――が、これらの新興地域において福音主義的宣教師養成のために多くをなしている。ここについても他のどこについても、豊富な収穫とほとんどいない働き手についての同じ話がされ得るだろう。極西部へと出て行くこれらの宣教師たちの心の中には地上の大望も地上の勢力拡大の展望も入っていない。困難は大きく、利得は小さく、しばしば生活必需品さえ手に入れるのは困難だ。この国の一部は一年の五ヵ月は「厚い氷に閉ざされて凍てつき」(シェイクスピア『尺には尺を』第一幕第三場——バード『カナダ・アメリカの英国婦人』)、場合によっては、最初は神託とその伝達者が共に軽蔑される。しかし、このまさに互いに異種の人口構成の中でこそ、私がどこかで記したように、福音はその最も力強い勝利の幾つかを達成しているのだ。過ぐる年の内に遠い大草原で希望をもって従事し続けた聖職者たちは、彼らの豊かな土壌がこれまでにもたらしたより大きな収穫を刈り入れるために召集された。荒野と孤独な場所は彼らを喜び迎え、砂漠は狂喜し、バラのように咲き誇った。

宣教生活の骨折りと困難は主要職務を担当するよう諸教会によって選ばれた者たちによって分かち合われるが、極西部で宣教する主教がどのように生活をするのかを知ることは、イギリスの贅沢にのみ慣れた読者たちの関心を引くかもしれない。

私たちは遥か背後に鉄道を後にして、七日間高貴なスペリオル、ヒューロン、ミシガンの内海(ジェイムズ・ホール『荒野と戦いの路』)を横切った旅の後で、ラバに曳かれた馬車でしばらくの間骨折って進んだ。西部の粗雑な道でさえ消えてしまい、私たちは文明の開拓者たちによってつくられた細道を辿った。森林は時々完全に原生林で、巨大な木々が高く聳え、下に薄暗がりを作り出している。それから、部分的に切り拓いた土地に最初の入植者の丸太小屋があり、焼いて黒焦げの切り株の間にトウモロコシを育てていた。それから巨大な木々、葉のない幹で覆われた広い土地があり、それは前年にそれらを取り除くための第一段階として枯れさせるために「樹皮を輪状に切り取った《ガードルド》」ものだ。再びまた波打つ平原、あるいは「樫の開け地《オーク・オープニング》[75]」があり、これは林の中の下生えのない繁みをなす木々で覆われている田舎の土地で、自然公園の様を呈している。「監督派主教館《エピスコパル・パレス》」のために選択されたこの田舎の土地は森林地帯だった。「主教館《パレス》」は大森林の奥深くの二、三エーカー（八〇〇〇〜一万二〇〇〇平方メートル）の土地の開墾地に立っていて、三つの窓とひとつの戸のある小さな小屋の外観を現していた。それはある入植者による最初の建造物で、その外観は非常に粗雑であり、大西洋の岸から一五〇〇マイル離れていることを思い起こさせるすべてのものと、周りでカサカサ音をたてている西部の原始時代の木々があった。日中のほとんど焼けつく炎熱は終わり、夕暮れの微風は森を通して吹きそよぎ、ホタルはすでに木陰でランプを灯し、豊かな沈む陽は葉飾りを通して揺れながら大地の上で踊っていた。主教は、互いに一二マイルの距離にある粗雑な二つの教会で日中に二度説教をし、その日の仕事の後で小屋の外に座って椅子の修理をしていた。その家には客間も書斎もなかった。本と紙は箱の中に詰めて押しやられており、苦難と困難はどの方面にもあった。長い幾冬もの間、外部世界との会話はほとんどない。ときには手紙ひとつなしに六週間が経過する。一年の約八ヵ月間、この主教は彼の主教管区とみなす州の地区を旅行する——「危険を冒して陸路・水路を」（E・E・ホームズ『教区の情景』）。今や焼けつく太陽の下、二〇〇マイルもの長さの、ほとんど住まいの影もない大草原《プレーリー》を横切って行き、今や道ひとつない地域で、他に道なき森林を抜けて深く抉《えぐ》れたインディアンの足跡を辿り、また凄まじい冬に雪靴を履いて旅をし、それから西部の溢れる流れの幾つかに壊れやすいカヌーに彼自身の運命をかける。以上のことから、西部では少ない聖職給の聖職者たちが経ることを強いられる艱難《かんなん》についての幾らかの観念が得られるかもしれないが、しかし、それらは偉大な主のために楽しんで信じて疑わずに耐えることが出来る困難だ。

それでも、多分、この巡回説教師の生活は、そのすべての困難さをもってしても、西部の働き手の他の領域より心地よいものだ。スペリオル湖の淵の石だらけの荒れ果てた土地にいる間、私は、普通一年の内七ヵ月間を文明世界との交流を断絶されて荒野で働いている高い教育と洗練された趣味をもった牧師が二年間にわたって働いていたのに会った。彼は最も粗野な種類の移住者に囲まれている。必死で働いているがほとんど戦果はない。彼は互いに一〇マイルの距離にある二つの丸太の部屋を持っていて、そこで礼拝を行い、この距離を一年の内五ヵ月間、雪靴を履いて頻繁に移動している。丸太小屋はカーテンで仕切った一部屋だけで、近所には気心の合った会話ができる人間は一人たりともいない。それは宣教の困難以上のものを伴う宣教の仕事だ。だが、しかしそのような手段によってこそ西部の福音化がある。この牧師は地域の「ひとつの文明化」への影響力を持ち、ゆっくりとしかし確実に作用を及ぼしている。彼の任務はその場所の社会的、宗教的進歩への「ひとつの望み」であり、作付をしていない土地を切り拓きそこに種を蒔きつつあるが、二、三年も経つと点在する人口が大きな集落へと拡大していくのが目撃されるだろう。

今、私たちはゆるがない慣習と正統派信仰の世襲の相続遺産を持つニューイングランド諸州、そして奇妙な対照と世襲の呪いを持つ南部を一望した。西部と極西部では、この両者と大きく異なっているひとつの国——伝統も、歴史も、相続財産もない土地、その成長と進歩が現代史の最も目覚ましい現象を形成する昨日の国——がある。西部諸州の無限の平原にはすべての国民、種族、言語が集まり、より古い共同体の信仰を守り、諸過剰を抑制する束縛から自由になっている。群衆《コンコース》を膨れ上がらせて、何千、何万もが年々ヨーロッパとより古い諸州とからの移民の不断の流れとなって、いまだ西部で煌《きら》めく帝国の星によって率いられて注ぎ込まれ、ただ、西洋の文明の障壁を指し示すロッキー山脈上でのみ足踏みを見せている。短い時間間隔においてそれぞれの移民は世界第二のプロテスタント帝国の市民となる。これは後戻りということを知らない帝国だ——その前線は絶えず前進し、その未来はその過去より驚くべきものであることを約束する。実際いいことなのだが、単なる政治的観点において、アメリカは間もなく力の均衡《バランス・オブ・パワー》をその手中にし、ワシントンでは諸施策を命じることになるであろうところの住民の重要性と要求に敏感なのだ。幸いなことには、俗世の人間たちでさえ、宗教を、これら大衆に関わらせるようにできる唯一の強制的な力として、法と秩序のために首尾よく振るうことのできる唯一の影響として認識しているのだ。この点で、西部の福音化は普遍的な重要性を帯びているのだ。

不安定な共同体、互いに異質な住民、脆弱な政府につきものの諸悪にもかかわらず、西部諸州での宗教の影響は非常に明らかで、非常に強力であり、未来の希望であるとともに現在への感謝の原因ともなっている。福音の力がこれ以上現れている場所はどこにもない。多様でときには拮抗する諸人種が見られるが、共通の政府と共通の教育の助けによって混ぜ合わせられ、共通のキリスト教によって調和させられている。不信心とローマ・カトリックの強大な影響が手を携えているのが見られるが、そのひとつに対しては勝利し、他方の力に対しては二、三世代のうちに打ち破る見込みがある。無法の要素の存在を見出し、それ〔宗教〕自体の影響によって法と秩序の尊重を創りだす。世間のビジネスの渦巻きに夢中で、早く起き、遅くに休息する人々を見出し、その道徳的な力で彼らの良心に働きかけて、七日に一日は諦めて神に捧げるように誘導する。教会、安息日学校、公立小学校が今や西方へと列をなす人口の波に伴い、パン種を蒔きつつ、巨大な塊となっている。アメリカ大陸を横断する最も優勢なアングロ・サクソン人種の意気揚々とした行進の中に、キリスト教徒のあの福音の伝播のための聖なる企てのひとつの大きな部分を見ることを可能にする――この福音は、すべての障害を打ち破り、すべての変化を生き延び、我々の世界史の最後の日々における最も力強い勝利を達成するのである。

第九章　合衆国の説教の諸特性

説教《プリーチング》は連邦の三大地域への不断の言及なしに判断できる数少ない主題のひとつである。それはまた最高度の重要性を持つ主題である、というのは、説教することは組織化された宣教の第一の義務で、認知された世界再生の道具であり、国家の道徳感情の鋳型、我が主の不朽の福音の伝播に関する最後で最も包括的な指令の総括的な完遂であるからだ。多分アメリカにおけるほど説教の特性が重要な国はなく、そこでは人々の集塊が教会に出席し、そしてそこで何千、何万人もが思索のための暇がなく、さらに読書のための暇はもっとなく、その心に説教壇の教えは必然的に最も力強い影響を及ぼすに違いない。イギリスの標準から判断して、人口に比して教会の礼拝への出席者数は目を見張るほど多く、教会での男性と若い男性の数は外来者の注意を引かずにいられない。事実、教会への出席は世間体の不可欠な印と考えられている。男性が品性にもっともらしさを付けるために、良心を満足させるため、知力を活気づけるため、絶え間ないドルのジャラジャラという鳴り響きと投機の渦巻きから休息をとるため、あるいは混雑するホテルの雑踏から逃れて一時間を過ごすために教会へ行くかどうかは別にして、北部諸州では確かに、また南部と西部ではその度合いが低いが、教養ある人々の大部分が教会でみられ、尊重すべき集まりを常習的にないがしろにするのは「乱暴《ロウディズム》」の印と見なされかねないのだ。さらにまた、アメリカの説教壇は真実の唯一の永続的な受託所である。他のすべてが進歩的、可変的、推移的で、固定した境界も陸標もない。行いが善とされ、あるいは非とされるのかの道徳の普遍的な公的規範もない。一種の不道徳が共同体のある階層にはびこっていて、それを構成する諸個人から真と偽との識別の能力を奪っている――ただし、その真か偽かが彼らの個人的な権力や富の増大に向かう傾向がある場合は別にしてだが。かくて、他の権威が欠けているので、説教壇は自然に真実の受託所であるのみならず道徳的正当性のすべての問題に対しての追訴の法廷となり、その倫理の純粋さはその教義の正当さと比べて重要性がほとんど劣るということはないのだ。これらの状況および私には敷衍するスペースのない他のことを考慮に入れると、世界の他の説教壇が有する以上の影響力を、アメリカの説教壇に対して帰することに全く躊躇することはない。

アメリカに滞在していた間に、私はおよそ一三〇人の聖職者の説教を聞き、その半分以上の印刷された説話を読んだ。私は大西洋岸の洗練された諸都市、南部の貴族の諸教会、奴隷たちが牧師かつ監査役である諸教会、揺籃期の入植地の諸教会、天空の円天井が屋根の「森林の至聖所《フォレスト・サンクチュアリ》」で説教を聞いたことがある。私はすべての正統《オーソドックス》諸宗派の聖職者たちによる説教を聞いたが、それらは無味乾燥だが、しかし少数者に割り当てられた判断を形成し始めるための機会を有しており、私は敢えて意見を言うのは大胆な一歩だと感じる。もちろん、形式、実質、多様性がそのような大勢の説教者の間では非常に大きいのは当然である——彼らの多くはまさに最高級の教育を受けており、他方、浸礼派《バプテスト》とメソジスト派の説教者のきわめて多くにはその優越はほとんどないが。監督派、組合派、長老派諸教会およびそのさまざまな諸分教会では、聖職者が非常に厳しい研究コースを経歴するのが普通である。このコースは普通の大学《カレッジ》教育を含み、それは我々の大学《ユニヴァーシティ》で与えられるものと同等か、ある点ではそれ以上で、四年間以上にわたる。また三年間コースの神学校《セオロジカル・セミナリ》は全研究期間にわたって司牧に関連して与えられる。これらの神学校は三七校あるが、我々の関心を惹くだけの価値が十分にある。プリンストンのコース（他の神学校でそれと大きく違うものは少ない）には一年目にヘブライ語、新約聖書の原語釈義、宗教地理学、宗教年代学、ユダヤ民族の古代文化史、聖と俗の歴史の関係が含まれる。二年目には聖書批評、教会史、教義学。三年目に弁証学、教会政治、牧会学、作文と説教実技が含まれる。学生たちは四週間に一回、彼ら自身の作文したエッセイを朗読し、一ヵ月に一回、教授たちと同僚学生の前で短い演説をする。毎週一回、夕べが重要な神学的問題についての討論に当てられる。各安息日の午後には、学生たちは決疑論（社会慣行や教会・聖典の律法等に照らして道徳問題を解決しようとする学問）的神性の問題の幾つかについての「協議会《カンフェランス》」のために集まり、教授たちが主宰する彼らの意見による討論が終わると、礼拝が開始され讃美歌詠唱と祈りで、閉じられる。他の百もの質問と一緒に、次のような疑問が討論される――「聖職への召命《コール》を構成するものと、その証明は何か？ 聖餐式《ローズ・サパー》のための適切な準備は何か？ 悔い改めとは何か？ 信仰とは何か？ 死のための真の準備とは何か？」。キリストの大義のためにこれらの大学の教授たち以上に多くをなす人々はほとんどない。彼らの多くは、定まった義務に付け加えて、牧師のいない教会で、教会の集会で、慈善と文学協会の前で多くの説教をする。多くは乏しい手すきの時間を割いて、印刷物を通して人々に教えるのに費やす。彼らの中に、能力と敬虔さのどちらについても、各々が属している諸教会の優れた聖職者たちの多くが見られ、すべての者がみな献身と誠心の生活によって敬神の証拠を与えている。彼らの偉大な目標は、学識あるとともに敬虔な牧師を訓練して仕上げることだ。彼らのそれぞれが真剣な祈りをもってクラスの集まりを開始し、それに弟子たちが就き従う。

　大学教育が先行するこの徹底的な訓練は、合衆国の活動している約一万人の聖職者たちを適合させてきたが、私が思うに、彼らの効率性の主たる基盤のひとつがその中にあるものと認識すべきだ。彼らは襲撃を受け流し、今後、遭遇するかもしれぬすべての誤ちの力を撃破するよう計算されたすべての武器の使用に熟練して現れた。

監督派と組合派のほとんど、長老派の大多数、および浸礼派《バプテスト》とメソジスト派の聖職者たちの中には自分たちの説教を読み上げる者もいる。そうしない者は注意深くそれらの主題を研究し、主要な諸部分の注釈を用いる。教育課程の正規の古典と神学のコースを通った牧師たちは一般に、大英帝国やアイルランドの有名な説教師たちより講壇における活気が劣っている。浸礼派、メソジスト派、カンバーランド長老派の宗派においては聖職者たちの多くは古典教育を受けておらず、自分の説教を読まず、祭司の行いの活力と熱情はしばしば非常に顕著である。より教育を受けていない巡回牧師の中に多数の素朴で活力ある雄弁に出会うことができるが、それは教養ある男性たちの正確で上品な語法よりも、説教を与えるべく彼らが呼ばれた聴衆の多くにより多くの恩恵を与えるようだ。

私が思うに、さまざまな教会における司牧活動は、他の職業に比べてより素晴らしい知力と能力を擁しているようで、神への礼拝にこれだけ多くの最高の教養と学識のある人々を任命するということは、この国にとって本当に称賛に値することだ。ある都市の教会の幾つかにおける説教の知的特徴は非常に顕著である。そして私は確かに、他のもっと有益な特質によってよりも、むしろ完成した文字的努力として素晴らしい説教を幾つか聞いたことがある。またアメリカには、他のどこでもと同じく、これらの説教壇の知的巨人を神として崇める傾向がある。

しかしながら、幸いなことに全合衆国を通じて正統派諸教会において、説教壇の影響はほとんど排他的に善のために振われている。派閥間と宗派間の大きな差異が福音を伝える説教壇上で影響力を行使することはほとんどない。ボストンとフィラデルフィアで上品な聴衆に上品な言葉で話される同じ真実が、カロライナの湿地帯や湾岸諸州の砂糖農園で耳にされ、遠く離れた太平洋の岸、西部の河川沿いの森林の奥深くの丸太小屋の入植地、スペリオル湖の岩だらけの岸から、より素朴な調子で反響して返って来ている。つまり、英語が話されているところならどこでも（唯一モルモン教の支配的地域だけを除いて）、カナダの辺境開拓地からメキシコ湾まで、そして大西洋の岸から穏やかな海（太平洋）の岸まで、すべての都市と村落の住民たちは救済の喜ばしい福音を耳にする機会があるのだ。アメリカの諸教会はすべて教義の大本質に対して、罪人《つみびと》たちの目の前に「イエス・キリスト、すなわち十字架につけられた方」（コリント人の信徒への手紙一、二・二）を掲げる点において同意見であり、これに対して私たちは彼らの素晴らしい影響と効果を辿ることができよう。アメリカの説教壇は、あたかも尋常でない責任を十分に承知であるかのように、ためらったり、不確かな言葉を述べることもなく、北部、南部、西部で全体として、信者に儀式上の教えを人々に負わせる幾人かの牧師の教会を除いて、説教は完全に福音的である。そして教会内に限って言えば、オックスフォード運動首唱者《トラクテリアン》[76]、広教会派《ブロード・チャーチマン》[77]、超《ウルトラ》カルヴィニスト、道徳律廃止論者《アンチノミアン》[78]の危険な極端――これらが我がイギリスの諸教派を汚《けが》し、形状を変える――

を目にすることはない。それぞれの教会は至高の教会的権威を有しており、もし代表会議《コンヴェンション》と教会会議《シノッド》（中会）が時折その執行においてあまりに厳格過ぎたり、もし広教会員《ブロード・チャーチマン》がユニテリアンや普遍救済論《ユニヴァーサリズム》79に、トラクテリアンがローマ・カトリックに追いやられたり、超カルヴィニストや道徳律廃止論者《アンチノミアン》が自らの教派を造ったりすると、その過ちは、痛む傷として残留する替わりに――これがあまりにしばしば我がイギリスで生じたのだが――、諸教会から摘出される。

アメリカには、ゴシックのアーチ、繊細なサラセンのトレーサリ（ゴシック様式建築の窓、つい立て、羽目仕切り等の上部を飾る曲線模様のはざま飾り）が礼拝者の眼を喜ばせて楽しませ、「薄暗い宗教の光」（J・ミルトン『思い耽る人』）が豊かなステンドグラスの窓を通して流れ、彫刻したオーク材のつい立ての背後から熾天使《セラフィム》のようなやさしい声が非常に美しい和音の旋律を注ぎ、光、音楽、建築の美が結び合わさって見せかけの献身の雰囲気の中で感覚を浸してしまうような教会がある。そのような建築物は、「見とれるような姿《すがた》もなく、輝きもない」（イザヤ書五三・二）主をうち出す単純な設定の場所と見られることはほとんどない。しかし彼らの説教壇からさえ罪の告発が恐ろしい剣幕で発せられ、キリストの十字架は許しと平穏の唯一の希望として持ち上げられる。さらに漆喰壁と幾つかの簡素な松材《ディール》の信者席《ピュー》のあるより簡素な礼拝所があり、そこでは貧者が見られ、またそこで奴隷たちは、キリストがそれをもって自分の民を解放《フリー》したところの自由《リバティー》を学ぶ。彼らは南部と西部の村々にまき散らされたが、しかし同じ福音が共鳴している。また礼拝のために集う会衆があるが、その集う神殿は人の手によって造られたのではなく、天空を屋根とし、大地を床として、黒ずんだ切株や粗末な馬車の後端を説教壇としている。だが、それでも同じ福音が熱狂的な内地伝道会《ホーム・ミッショナリー》と「切株を演壇とする説教師」によって説教される――罪人《つみびと》のただひとつの希望、十字架に架かったキリストと。

イギリスで蔓延している説教の無目的のスタイルは、アメリカではお目にかからない。儀式的な説教は幾つかの組合教会に存在するが、それもこの土地に時々吹き荒れる宗教覚醒の嵐によって継続的に一掃されつつある。アメリカは、イギリスの実践にとって――大胆な福音伝道の我々の概念ではないとしても――異質のスペクタクルを示している。不思議な諸懸隔を抱えるかの国の復活し燃えるようなキリスト教はうわべだけのお説教家を廃するか、あるいは羊の群れの真ん中に静かに佇む古風な善きタイプの羊飼い《シェパード》に転換させるかした。攻撃的スタイルの説教に躊躇《とまど》いを見せた牧師たちは彼らにとってあまりに強すぎる世論の傾向を見つける前に長い時間がかかる。我がイギリスの説教壇の大変多くを損じている生命なき説教と道徳的評論は、アメリカでは許容されない。人々はあまりに活力がありすぎるので、退屈な決まり文句や曖昧で見かけ倒しの一般論を大目に見ることが出来ない。彼らは何か実物そっくりなものを要求する――彼らを来るべき世界との接触にもたらすような何かを――彼らを惨めな六日間の苦労から、聖性と、もしかすると希望の雰囲気の中へと連れ去るような何かを、要求するのだ。大西洋岸の都市の高い教育を受けた会衆は「炎の舌」（そして炎のような舌が分かれ分かれに現れ、一人一人の上にとどまった。使徒言行録二・三、四）の栄冠を称えることを学んだが、福音が素朴さをもって説教される諸教会の満座の信者と群集でいっぱいの側廊《アイル》はハーヴァード大学のハンティンドン教授の次の意見の真実性を証明する、――曰く「神の子の福音のみがすべての人間に存在する熱望する乾きを満足させるか、あるいはどの人間の心のうちにもある木霊《こだま》を呼び醒ますであろう」。

ジョナサン・エドワーズの名は、多くの心にニューイングランドを連想させる。彼の神学体系はいまだにヨーロッパとアメリカの神学者に議論の主題を与えている。だが、形而上学者として以上には神学者として偉大だとほとんど考えられていないものの、彼の説教はすべての使徒的な特質を持ち、かつてイギリスに衝撃を与えたホワイトフィールド[80]の説教と同様の衝撃をアメリカに与えた。彼の多くの後継者たちは偉大な精神的資質の人たちではあったが、しかし深い精神性を欠いており、ニューイングランド人の諸教会の歴史の一時代の間にエドワーズの火のような雄弁は分析的なニューイングランド魂の趣向に適合すると思われた説教の形式によって置き換えられた。難解な学識、システム、冷静沈着、反省の深遠さ、緻密な推論、――人間の思考の通常の規則により、宗教に人間の知性の把握の力を与えるだろうすべてのことが、説教壇の務めの中に詰め込まれた。多分これまで説教壇の力の要素をこれ以上持った教会はなかっただろう。しかし「炎の舌」は不十分であり、間違いが忍び込み、会衆全体をアリウス派の異端説（キリストの神性を否定した）の中に落とし込んだ。今やニューイングランドの正統派諸教会全体では、純然たる福音主義的スタイルの説教が優勢である。この国のその地域の都市と村々で私が聞いたもの以上にペテロとパウロの簡潔と深淵に達していた説教を聞くことは一度もなかった。霊的洗礼《バプテスマ・オブ・ファイア》（その方は聖霊と火であなたたちに洗礼をお授けになる。マタイによる福音書三・一一）が説教者の上に降りたかのように、そして、その持ち前の特質における強さで、彼らはかつて宗教の尊厳の前に屈したと同じく強く不屈の心の国民を彼らの前に頭を下げさせているのだ。私は見た――しかもそれは「復興《リヴァイヴァル》」の時期ではなかったが――、男性たち――老いも若きも――がひとつの言説《ディスコース》の下に静かにむせび泣くのを――その言説は彼らの心の奥まった隅々を探り出し、彼らの罪をその前に指し示し、キリストに代わって神との和解を彼らに請い求めるが、しかしこれもまたアメリカの最も磨き上げられた都市でのことなのだ。この現代のニューイングランドの説教は「改宗」という点でのみ実り多いのではなく――それも数多いのではあるが――、純粋な道徳性の標準を向上させ、間違いの風潮を押し止め、諸会衆を丸々皆正統派《オーソドクシー》へと奪回したのである。それは暴飲の罪と正面から取り組み、テーブル上のワインを不評判でもあれば流行《はや》らないものでもあるようにし、幾つかの教会では完全禁酒を教会員の資格条件とした。それは努めて政治に関わることを避けている。しかし奴隷制度に反対する声を一貫してあげることによって、この怪物的な非道に反対する一人の人間の精神としてニューイングランドの精神を動かしてきた。その広大な力はその牧師の熱情、一筋さ、敬虔さ、彼らの非妥協的な忠実さと率直な福音の説教に負うものである。

説教が同様の称賛すべき諸特質の多くを有している西部を通過して、私は極西部――すべての国、信条、慣習の人々で構成される、あの沸き返っている、無限の大洋――へと向かっていく。ここでは説教壇が唯一の道徳的影響であり、もしも法と秩序に何らかの力があるとすれば、それを説教に負っていた。ここでは説教壇は教養ある耳にだけ適する型にはまった常套句をわきへ投げ捨てて、粗野な移民の嗜好と理解に自らを合わせ、彼らの上に力を獲得していた。ミズーリ、アッパー・ミシシッピ、ないしセントルイス川を丸太に乗って渡って、そのような会衆は他のどんな国でも見つからないような仕方で集まった。彼らはほとんどすべての男たち――粗野な移民、猟師、罠猟師《トラッパー》、開拓者、ありとあらゆる冒険者たち、「厄介者《デブリ》」、社会のはみ出し者――からなるが、彼らは文明の泡で、その前哨隊として移動する。彼らの誇りは抑制を放《ほう》擲《てき》することであり、唇は神への冒瀆を振り撒き、行動には法がない。だがそれでも、説教者が着くと群衆の上には静寂が支配する。男たちは仕事を放棄し、大地にパイプをふかしながら寝ころぶか、材木の上に座るか、ライフルに寄りかかるかして、福音を注意深く聞いている。説教は単刀直入で力強い――彼らに「義、節酒、来るべき審判」について話す――彼は、救世主と友について語る。彼は彼ら自身の言葉を用い、描写は彼らが最もなじんでいる光景や職業から借用している。私はそのような一団の中で豪胆な眼を湿り気で潤ませ、多分その昔、敬虔な母の膝で習った祈りに唇が動くのを目にした。そして堅く荒れた手がその聖職者の手を握り締め、優しい言葉は使いなれない唇で彼の祈りに対して感謝を告げるのを。そしてもし、より深い感情を掻き立てられず、善良さが単に飛び過ぎる雲にすぎないとしても、続く六日間は説教壇の影響を語るだろう。めったにない親切な行為が行われ、猟刀《ボウイーナイフ》は鞘から抜かれたままで、あまりにしばしばの宣誓は不格好に抑制され、社会はその説教の分だけよりよくなっている――ただし、それには説教壇の威厳も、知的努力、芸術的配置もないのであるが。極西部の至るところで、わずかな入植者たちが集会するときにはいつでも、彼らは定まったときに、あるいは時折り、福音の教えを聞くが、これらの地域における説教の目覚ましい効果のひとつの秘密は言葉と観念の改変である。人々は彼らの理解しがたい言葉で、慣れない主題について議論するのを聞くよう招かれはしない。私はある説教師がアッパー・ミシシッピ河畔で粗野な聴衆に対して河川の交通と習慣から描写を借りて話し、以下のような（彼の聴衆に対して）最も説得力のある表現を用いるのを聞いた――「おお、我が友よ、イエス・キリストはそれに結びつけるべきただひとつの木だ」――これは、それらの川を熟知している皆には意味深長な比喩だ。小舟は川岸の木々に繋ぎ留められているが、それらの木々は時々水の作用で根こそぎにされて流されるが、他の木々はその負担に耐え、ときにはそれらの能力は刻み目の印によって示されている。さらにまた、ある大草原の境界にある新しい入植地で、私はバプテストの聖職者が最も熱烈で効果的な説教――「狭い門から入りなさい」（マタイによる福音書七・一三）を主題とする――を次のような言葉で終えるのを聞いた——「あなたは大周りをするであろう。私はあなた方に天国への一直線の道《ビー・ライン》（ミツバチの通り道）を造って頂きたい」と——、これは暗に大草原や森林の道なきところを横切っていくという広範に存在する様式を示唆しているのだ。

南部では説教は従前通り変わらず、恐らくその言語は西部より洗練されてはいるが、しかし情熱的で福音主義的である。そこでは他のどこでもそうであるように、説教壇は人々に罪を自覚させようと努めており、そして福音は南部では祝福されていることを、そしてその進歩がひとつの重要な手抜かりによって妨げられていることと同じく私は疑わない。南部の聖職者たちは酩酊とその他の悪——不正直な取引、世俗の欲にふけること、見せびらかしの愛好など——を公然と非難する。だが、奴隷制度の罪とそこからもちあがってくる諸罪悪は非難せずに見過ごされる。私たちは他の場所とも同様に他の諸罪悪についても耳にするが、しかし、四〇〇万の人間に分かつことのできない結婚の権利および親子の結び付きの神聖さを否定し、邪悪な国内の奴隷取引を支え、公的道徳も私的道徳も損なっているひどい制度の体制を説教壇が守り育て、人類の平等を道徳的権利の広い基礎で擁護するすべての者を「懐疑論者」ないしは「奴隷制度廃止論者」として公然と非難するのだ。これを例外として、南部の説教壇に関して非難すべき点はない、というのは、正統派の説教のよりまとまった塊を有する国は他にないからだ。奴隷たちは非常に多くの地域で、純粋な福音の恩恵に与っている——この福音は彼らの単純さと無知に調和する仕方で説教され、情感において福音的である——といっても、しばしば我々の考えではその言葉には痛々しくも奇怪《グロテスク》なものがあるのだが。

アメリカの説教の第一の大きな特徴は、その真剣な熱情にある。説教者たちは、あたかも、祭祀と魂の価値に責任を感じているかのように説教する。「わたしは信じた。それで、わたしは語った」(コリント人の信徒への手紙二、四・一三)——これが彼らの説教が確かに持っている率直さを授けるように思われる。彼らはあたかも、キリストを通しての救済が宇宙で最も重要で最も目につく現実であるかのように説教し、死にかけた人に対して死、審判、永遠性のための準備をさせるのに懸命である。

第二の特徴はその忠実さである。聖職者たちは、イギリスである人々が考えるのと異なり、会衆の中の真実を好まない金持ちで影響力のある人々によって脅かされはしない。彼らは忠実に磔刑のキリストを説教する。彼らは聴衆に対して、悔い改め、すべての階層と職業とキリスト教を信仰告白する人々の罪を告発するよう、それに匹敵するものを一度も聞いたことのないような大胆さと平明さで要請する。第三に、その率直さだ。説教者たちは一般に平明なテキストを用い、もって回ったあるいは哲学的なことよりは、自然で明白な意味を与えることを好む。親しみ易く、明快な言葉が、飾り立てた美辞麗句より一般に好まれる。人々は教養ある人たちに対して完璧な言語で、教育を受けていない聴衆には完全に理解可能な言葉で説教する。第四の、そして非常に目立つ特徴は、アメリカの説教が神との直接的な和解について多くを語ることである。神と「今日《きょう》」和解した状態になることが不断に罪人《つみびと》たちに力説される。悔い改め、直ちに福音書を信じることは、「改宗しない」とみなされた人々の耳に永遠に響いて、いかなる延期も許されず、いかなる言い訳も受け付けられない。キリスト教ではなく、キリストが説教される。そして、彼の贖《あがな》いの即座の受容が不断に強要される。第五の特徴は、体系的だということだ。すなわち、福音主義の説教の最高度の形式は、同じ説教壇から継続的に施される諸論述間の適切な結びつきを維持し、すべての所説と論述がそれに先立つものに関わりかつ強化するよう努力がなされ、その結果、真理の孤立した陳述というよりは証示と明快さの最終的な帰結に向かうようにするのだ。第六の特徴は、顕著に実際的だという点にある。いまだ異教徒のままである者は悔い改めと信仰をせき立てられ、女性キリスト教徒は「彼女らがそこへ向かって召命《コール》されている使命にふさわしく歩む」よう、神の栄光と人々の救いのために生きるように絶え間なく指示される。近年、この考えは説教でそれに対して与えられる顕著さがますます増え続け、人生のすべての領域においてすべてのキリスト教徒は、彼の影響、会話、範例によって人間の福利を推進するよう生きる義務を負わされる。世間から教会を分かつ線もまた極めて明瞭に引かれているので、誰でもその線のどちら側に見出されるべきかについては全く疑いの余地はない。七番目の特徴は、聖霊の働きについてよく考えることだ。彼の仕事と職務の重要性の考えはアメリカの説教を支配している観念のひとつであり、改宗の仕事の必要と福音を前進させるための彼の協働の必要性、キリストの永遠の昇天の贈り物としての聖霊の約束は説教壇の主題の最も傑出したもののひとつであり、百年間にわたってそうだったのである。これらの七つの特徴に加えて、アメリカの説教は言語の最高の意味において非常に教義的かつ非常に哲学的であり、結果として権力《パワー》のすべての要素を含んでいると述べても良いだろう。

以上の特徴に加えて、教義の完全な註解が与えられ、キリスト者の実践の詳細な指示と共に「神のご計画の全体を余すところなく宣言される」(使徒言行録二〇・二七)ということが指摘できるかもしれない。何事も当然の所与としては捨て置かれない。大会衆はどこでも最も真摯な注意を傾けて説教に聴き入る。この説教を際立たせるものは、説教者が聴衆にその罪について告げる誠実さによって、偽善者と自己欺瞞者の特徴を分析し、人の思い込みの正義の薄っぺらで、着古して布目も露わな上着を福音の陽のぎらぎらした輝きの中に掲げるその勢い、聴衆に対して、イエス・キリストを通して神と和解をするよう嘆願する説得力ある熱情である。人間の本性の最も奥深いところを探り、頭から知性へだけではなく、心の深層それ自体から彼の前のすべての聴衆の中にある良心と感情の感受的な中心へと話しかけるのだ。文学的努力と知的実践が時々説教壇を占めること、あるいはまた監督派《エピスコパリアン》の牧師の中の幾人かによって、真実の保証の言葉より外見上の儀式により大きな重要性が付け加えられるのを否定するつもりはない。しかしアメリカ全体で大きな説教の塊をとれば、私の信じるに、それは著しい程度において教義上の間違いからの自由であり、それは「信仰を通して救いに導く知恵をあなたに与えることができます」（テモテへの手紙二、三・一五）という特性を持っているのである。それは魂の回心のための熱望と欲望により区別され、それに伴うのは、一般的、会衆的、個人的罪の告発における極度の忠誠で、両者が合してそれに効果性を与え、キリスト教の精力的で活発な状態を与えるが、それに対しては因襲的な宗教は身震いするかもしれず、形式主義的な英国教会は非難するかもしれないが、それに対して私たちは比較できるものを持たないのだ。

　だが、アメリカの説教壇が熱情的で激烈だとはいえ、その熱情がその力の費消を犠牲にしてまで称賛されてはならないに違いない。すでにイギリスにおいてよく知られている誰にも劣らない名前が幾つもある。知力と使徒的熱情を持ったマクルヴェイン主教、もの静かな申し立てと論理的決然さのC・G・フィニー、「炎の舌」のチング博士、過ちに対する激しい非難――それは赤く焼けた鉄のように人間の魂の中に食い込む――をもったチーヴァー、書いたものは神学のテキストとして重んじられるバーンズ、ヘンリー・ワード・ビーチャー――その常軌を逸した天才、燃える言葉と雄弁な著書『生活思考』は彼をしてほぼヨーロッパ的名声を勝ちえさせた――、そして背後にかなりの量の名簿ができる。復興教会を造るのは生き残った祭祀でない。生きた福音の説教であり、教条的神学や知的抽象ではない。そして、アメリカが持っている多くの善は、その説教壇が宣言する粉飾《ふんしょく》を取り去った福音に、またその牧師の熱情と一途さまで辿ることができる。合衆国には何千人という聖職者がいて、彼らは大きな文学的驚異を演じようともせず、自分の教会の側廊《アイル》や回廊《ロビー》を人で満たそうともせず、感傷的な宗教の影響を造り出す意図はなく、その聴衆の心を変えようとするのであり、また彼らは会衆のなかの各々の不死の魂を尊重し、失われた者を探し助けるためにやってくる主への愛と切望をもって思いやる——彼は地上的ないかなる大望も抱かず、地上で仕える大義と言えば、ただそのために聖職者となった当のものだけであり、彼はそれに終始一貫した生活と燃える献身により仕え、求める報酬といえばただ、多くの者たちを義へと転換させたすべての者たちの頭上に、我々の主ご自身によって、出現されるその大いなる日に置かれるたくさんの宝石に飾られた王冠以上のものではないのだ。

第一〇章　総　評

イギリスでは、アメリカに関して二種類の考え方をする人々がある。トーリー党は、西部共和国の前進の傾向と束縛を受けない進歩について暗欝に思索し、その統治に普遍的な堕落以外の何ものも見ず、その宗教には抑制のない自由主義を見、その物質的進歩には近づきつつある破滅への前兆のみを見ると公言する。また、急進《ウルトラ》リベラルたちは、大西洋の対岸に政治的、宗教的理想郷を見、平等の選挙区、普通選挙、投票による決定に、心悩まされる人間性の苦悩に対する無敗の万能薬を見、自発的システムに唯一の真の教会統治を見る。前者の情感はイギリス的な濫用の熱狂的な保守主義へ引き込まれる危険の中にあり、後者の情感は浅薄で向こう見ずな経験主義に向かう危険があり、それは実際に新しいシステムが空隙を満たすために考え出される前に古いシステムを覆すことだろう。それでも、両者ともアメリカの真実の評価を形成しなかった。玉座——燦然たるヒエラルキーはその主たる支柱のひとつである——の陰で育った人々にとって、政治的宗教から国民的宗教を分離して実感するのが難しいことは疑いが無く、枢密院司法委員会に服さない教会は教義や規律が安定することはあり得ないのだ。その伝統が階級分化の社会成層形成を保持しようとする傾向があり、そしてそこでの大衆の声は二、三の顕著な場合——それは「特別警察官」（非常時に治安判事が任命する一般人）を示唆する——にのみ聞かれるような国においては、個々の人々が政治的構造全体や社会の平和を危険に曝すことなく市民権を委託され得ることに気付くのは難しい。楽観的期待を持って、以前の不満の記憶の下でヒリヒリしている反対派がアメリカの諸制度の利点を誇張し、教会と国家を彼らのモデルに基づいて再構築することは進歩の輝かしい夜明けであろうことを信じたとしても驚くべきことではない。アメリカの諸制度はアメリカに適している。人民政府以外のところでそれだけ物質的発展は急速ではあり得なかった。自発的システム以外のいかなる制度の下でも宗教の進歩はアメリカの成長と歩調を合わせることができなかったし、高等普通教育と結婚した普通選挙はこの国の主たる安全装置のひとつであったし、今でもそうである。私はこのアメリカの宗教の最終的調査をできるだけ公正なものにして、上述した両方の極端を避けたいと思う。そして、第一に私は正統派と言われる諸教会の称賛すべき特徴について述べようと思う。

　アメリカにおいて宗教と結びつけられるもので、宗派主義の相対的不在、聖職者たちの協調的な活動、宗派的な違いを問わずに存在する社会的交流以上に外国人に強い印象を与えるものはほとんどない。さまざまな進取的な取り組みの中で、聖職者たちは心から提携する。正統派の宗派のほとんどで、彼らは説教壇を交換する。彼らは共同で祈りの集会を持ち、大変に多くの市や町では、すべての宗派の聖職者が相互の奨励と協議のために、そしてその土地のためになる計画を取り決めるために毎週会合を持つのは正規の慣行である。この友好関係はどこでも極めて幸福な結果を招いている。この合同は公的かつ実際的でもあり、さほど重要でない違いは背後に押しやられる傾向がある。多くの宗派が人間の改宗のための枠組み――例えば聖書協会、日曜学校連合、アメリカ海外伝道団、小冊子協会のような――の中で連合している。社会的な交流では同じ知的社会的親近性を持つ人々が差異の影ひとつ無しで交わり合っている。誰であれ人の社会的地位は宗派的根拠で低められることはない。諸教会は共通の敵に対しては共通の義を打ち建てる。しかしながら、イギリスに存在するところの教派の感情の原因となるもののひとつがアメリカでは存在しないということは言っておくべきことである。教会統治と教義に関する意見の精査と差異――それらは分離を生じさせるかもしれない――が教派主義の原因になるとは、私は信じられない。悪は低い土地に留まる――「地より出でて土に属す」（コリントの信徒への手紙一、一五・四七）。――資質を持っている者は尊大である危険があり、それを賦与されていない者は妬ましく思う危険を有している。合衆国では国家教会はない。すべての宗派が同じ基盤に立っている。すべての教会の聖職者が会衆によって選ばれるが、その会衆が支援者《パトロン》を構成し、誰一人としていかなる種類の無資格状態下にもおかれない。諸教会間に多大な競争があることは疑いないが、しかしその結果は普通幸福な結果をもたらしており、時折起こる嫉妬や不平は、短期間だけ続くが、諸教会にいきわたる温かな兄弟的で愛あるキリスト教の和やかな感情の中で目につくことはほとんどない。

別の一面は教会員資格の比較的な厳格さである。「教会に加わる」形式は多様である。中には堅信式によるもの、他に洗礼によるもの、さらに他に公の信仰告白によるものがあるが、いずれにおいても心の変化の必要性が認められており、公の信仰告白は、世間の眼から見れば、虚栄と想像のだらしない拡散の排斥とみなされている。監督《エピスコパル》教会では、イギリスにおいて、当然のこととして一五歳あるいは一六歳で堅信式を受けるようには施されていない。それは、共通の同意により、それを受けることを望む人が「十字架を取り、キリストに従う」(マルコによる福音書八・三四)準備ができるまで延期される。それぞれの場合に私が儀式を見たとき、堅信式を受ける人の優に半分は中年で、中には老年に達している人もいた。幾つかの例では、そして長老派の間では普通、人が教会に加わりたいと望むとき、牧師は教会会議に報告し、立候補者は牧師と長老からなるその組織体の前に出頭しなければならない。組合《コングリゲイショナル》教会とバプテスト教会では、立候補者は教会員の組織体の前に出て、告白する信仰の理由を告げなければならない。すべての例で入会試験は非常に厳しく、「教会に加わる」ことは世間からの分離の行動とみなされる。人がひとたび教会員になったとき、換言すれば聖餐拝受者《コミュニカント》となるとき、彼は彼自身を厳しい規則に責を負うべき者たらしめる。いろいろな不行跡に対しては訓戒ないしは破門宣言が続いて生じ、教会員のほとんどは真のキリスト教徒であると、かなり正当にも想定される。

ひとつの章が説教に当てられたので（第九章）、後《あと》に必要なことは、敬虔な教会員制度は、会員たちが支援者《パトロン》であることから福音的説教を保証していると述べることだけだ。聖職者たちの首尾一貫性は非常に顕著な特徴で、新聞雑誌のアルゴス（百の目を持つ怪獣——ギリシア神話）の目による詮索もその反対の本性を発見することはほとんどないだろう。彼らは一般に尊敬を受け、広範な影響力を持っている。彼らは自分自身を俗世からすっかり分かち、大概すべての社会的に疑わしいと見られる立場をも避ける。これ以上に尊敬に値する聖職者はおらず、彼らの行状の証言は彼らの説教の証言に等しい。誰かが単に社会で称賛を得る地位や相当の生活を手に入れるためだけに祭司の仕事に就くということがあれば、あまねく排除される。そして、もし何かがそれ以上に普通に軽蔑され得るとしたら、それは、誰であれ、そのような厳粛な責任を引き受けた者の生活上に矛盾があるということだ。この言行一致の祭司は諸教会にとってのすべての祝福の中で最大のものであり、共同体の道徳と統治の安定確保のための最大の道具のひとつである。幾分嫌なひとつの主題があるが、公平のために言及しなければならない。聖職者たちは一般に完全な禁欲者だ、というのは、コリント人への手紙第一、八・一三[81]にあるその理由のためだ。この国で飲酒の習慣が破壊の猛威を振るっていた時代に、彼らは自分たちを全体的禁欲運動の頭に据えて、予期し得なかった成功を収めた。刺激物に耽溺することは聖職者にとって尊敬されることではなく、彼らに嗜好物を提供することは無礼であり、これがあまりに徹底的に行われたので、南部においてさえ――ここでは飲酒の習慣はイギリスのそれに似ている――、完全に禁酒している聖職者の在席時はしばしば社交会的な集まりで単なる儀礼からテーブルにワインを置くことさえ妨げられた。飲酒の奇跡的な減少とニューイングランド諸州で嗜好物の嗜《たしな》みに帰せられる恥辱は、聖職者の自制の不朽の記念碑だ。我々がイギリスの過度の飲酒、それが到達した高み、それに伴う犯罪や堕落の結果、そしてそれが貧しい人々の間での宗教の進歩に対する効力ある障害を見るとき、アメリカで実行された大きな社会再構築を想い起こし、我々の牧師による、それに反対する祈り、それに反対する説教が彼らの側でも同様の実際的運動の効果をもたらすだろうかと問うことを止めるわけにはいかないのだが。この主題に関するアメリカの諸教会の態度は考慮に値する。

もうひとつの面は、安息日学校制度の卓越性である。現在、アメリカの安息日学校は三〇〇万人の生徒と三〇万人の教師がいるとみなされている。それらは〈すべての階級〉の大人までの人口の大集団を包含し、巨大で限りなく広がる組織を形成して、どこでも神を畏れる人々を訓練しており、新入植地においては教会と聖職者のための道を準備している。アメリカ日曜学校連合――多様な福音主義宗派の平信徒からなる管理者たちの会議体――は、アメリカにおける福音主義的機関の最も成功したもののひとつである。この協会は、一八三〇年に西部諸州の、それを欠くすべての地域に安息日学校をひとつずつ設立することを議決し、一八三三年に南部諸州に関して同様の議決が採択された。およそ三五〇人の聖職者が雇われ――そのうち二五〇人は神学校の学生である――、彼らの仕事はその広大な国中の領域を縦走して、衰退しつつある学校を生き返らせ、新しい学校を設立し、すべてを勇気づけることだ。協会の目的は二重にあり、若者たちに口頭での教育と家での適当な読書を施すことである。それは、図書館のために八一三点の本を出版したが、無限に多様な、教育書、雑誌、日刊新聞を除いてのことだった。この協会の他にも、監督派、バプテスト、メソジスト、ルーテル派が日曜学校連合を有し、マサチューセッツ州は自前のをひとつ持っている。日曜学校図書館――普遍的に日曜学校に付随している――は、この国の育ち盛りの若者や大人の間に読書の最善のクラスを育成している。生徒は安息日ごとに一冊か二冊を受け取り、次の安息日に返すが、これらの協会のための出版物にはたいへん多くの需要があるので、年間五〇万ドルにものぼる売り上げがある。各学校は一人の監督者の下にあり、教師たちはそのほとんどが信心深い人々である。州の最高の役人、知事、議会議員、裁判官、著名な弁護士、市長を日曜学校の教師に見出すことは珍しいことではない。故ハリソン大統領は、彼が国の首席執政官になって家を離れる前のまさに安息日に数年間教えたクラスに最後の授業をした。アメリカにおける安息日学校は高い評価を得た特別な組織であって、以下に簡単に言わなければならない諸事情から付加的な重要性を得ている。

アメリカの公立小学校教育制度は間違いなく世界で最も素晴らしく効率的といってもよく、世界の最も啓蒙された時代の最も啓蒙された一国民に相応《ふさわ》しい。聖書はこれらの学校で読本として普通に使われており、敬虔で公正な教師は、もし彼がその基盤的真理に自分自身を限定する限り、好きなだけ宗教教育を与えることができるのではあるが、その制度は〈世俗的教育〉のひとつと見なされなければならない。宗教教育のための準備がなされていないという政策あるいは正しさに意見を表明することは私の領域ではないが、しかし、現行の制度を非難する人々に思い起こして欲しいのは次のことだ。すなわち、この主題には、彼らがここでは観念すらほとんど形成しかねる諸困難に取り巻かれており、また、すべての人に対する無差別な課税によって支援されている学校では、ひとつの宗教学校の名前を冠し得る教育のコースを作り、すべての者の観点に応え、誰の良心と偏見とも衝突しないようにするのは、明らかに不可能である。それゆえに、どれかの宗派の教旨に合わせて子どもたちを教育するのも、あるいはどれかの特定の教義システムで彼らを指導するのも可能でも正しくもないだろうから、宗教的公衆はどのような完全な宗教教育と最も広い寛容性との間にも支持できる基盤がないと感じ、状況によって強いられて、後者の方針の最良の利用を図ることになったのだ。ものを作るためにそれを導くいかなる舵を与えることもなくして、精神の力を引き出し付け加える知的文化を授けることは、悪を為す性向を削減することなしに知的容量を増すことだと十分に確信しているので、合衆国の諸教会は、世界で最も広くいきわたり、最も効果的な安息日学校制度によって若者に神への畏れを知らしめることに精力を注いでいる。

　アメリカの自発的制度に対する非難として持ちだされているのが、宗教儀式にお金を払うことができないかその意思のない人は儀式がないまま放置されているというものだ。この非難は完全に根拠のないものだ。私はアメリカの自発的制度の下では、我がイギリスの諸都市の教区制度の下によるものと比べて、貧しい者たちはより系統的かつ普遍的に探しだされると躊躇なく言おう。アメリカの諸教会は際立って積極的である。日曜学校連合があり、継続的に新しい学校を創設し続けている。見捨てられた地域に神の恩寵の与えられる手段をもたらし教会を設立し続けている内地伝道協会《ホーム・ミッショナリー・ソサエティ》、南部で宗教的窮貧を唯一の領域として取り扱っている南部慈善協会《サザン・エイド・ソサエティ》、巨大な聖書販売人《コルポタレジ》制度とより小規模な数個の代理制度を持つ小冊子協会《トラクト・ソサエティ》がある。諸教会は等しく地方への貢献に活発である。ニューヨーク、フィラデルフィアと他の諸都市では、富者が、貧しい人の間で諸伝道教会と諸伝道組織を支えているが、その程度たるや完全に驚くべきものである。ニューヨークにもフィラデルフィアにもその戸口の中に訪問制度組織によって持ち込まれた福音のない家が一軒もないというのは誇張ではなく、豪華な邸宅でさえもその例外ではない。貧しい人の間にあるひとつの宣教教会はしばしば富者の会衆の組織の一部である。あるひとつの市のひとつの会衆はこれらを五つ設立している。特別な代理機関が活発に仕事をしている。シンシナティとフィラデルフィアでは二〇〇〇人を収容する天幕を備えて安息日の礼拝の巡回をしている。ニューヨークでは三つの最大の建築物――音楽院《アカデミー》、国立劇場、クーパー会館《インスティテュート》――が日曜日の夕方に市の最も才能に恵まれた宣教師の幾人かによってあまりに貧しいかあまりに偏見を持っているために教会に行けない人たちに施設提供する目的で開かれており、同様の影響はどこでもなされている。どの入植地でも、もしその人が望むときに宗教礼拝の恩恵を受けられない人はいない。そして宣教師たちは都市の通りや脇道で見捨てられた人を探して、強いて来るように誘うのに忙しい。

アメリカの積極的な宗教活動の別の一面は、外国の伝道を追求するその精力である。諸会衆の間には、イギリスではいまだ試みられたことのない手段で生き続ける宣教精神がある。毎年、神学校が多数の高学識の若者を伝道分野に送りだすが、伝道の仕事は新聞雑誌と公衆のどちらからも非常に高い評価を得ている。異教徒の間で仕事するために自己アピールする者の数と、その仕事が公的評価で得る高い地位が、活き活きとしたキリスト教の影響の最も確かな指標である。

これらの称賛の所見――さらに多くが追加できよう――の後に、アメリカの諸教会で気が付かれる二、三の欠陥について指摘するつもりだが、これは揚げ足とりの精神においてそうするのではなく、率直な批評のつもりだ。私は最初に奴隷制度について時間を費やしたい気になっている――もっとも、この制度に介入することの政治的困難と、奴隷制度を非とする者皆の頭上にダモクレスの剣のように南部が吊り下げる分離の脅しに十分に気付いてはいるのだが。ニューヨーク、ペンシルヴァニア、オハイオ、インディアナにおける会衆の多くの奴隷制度支持の態度は大いに非難されるべきだ。北部の聖職者たちはこれまでに問題が永久に決着された諸州に住んでいる。彼らは奴隷制度の有毒で狡猾な影響に曝されたことがない。そして、もし彼らがそれに対して反対する発言をすることを義務と見なさないならば、少なくとも中立的立場を貫くことが期待されている。だが反対に、彼らの多くは直接にあるいは間接的にそれへの好意を話しており、奴隷制度の「南部的見解」を含む諸本を出版し、その仲間であり、一方では、説教壇から「政治的言及」をすることは非難しているものの、彼らはそれらを他方で実行している。ニューヨークとフィラデルフィアの八〇〇人の聖職者の間では、会衆の多くが奴隷制度と結びついていることを非難する、あるいは我が救世主の黄金律を実際的に解釈するほどの大胆さを持つ者はほとんど見られない。学識ある註解者であるアルバート・バーンズ、および、ニューヨークのビーチャーとチーヴァーは奴隷制度に反対して思い切って証言している。しかし、奴隷制度との関連での諸教会の罪の非難における後者の忠実性は彼の会衆を不断の発酵状態に置き、彼の退任が一度ならず要求されている。というのも、奴隷制度に反対する証言ほど寛大な取り扱いに出会う可能性の少ないいかなる犯罪も無いからだ。

あの大きくて普遍的な団体であるアメリカ小冊子協会《トラクト・ソサエティ》は、その仕事の多くが称賛されるべきものではあるが、これもまたこの点に関しては有罪である。外国書の再出版において系統的な修正および切除を被り、その際、奴隷制度に好意的でないすべての章句が削除される。もし、メアリ・ランディー・ダンカン、ハリス博士、イザベラ・グラハム夫人が奴隷制度を時代の諸悪と同項目に分類するのを見つけるとすると、その言葉は抹消される。あるいは、もしある著作者が西インド諸島の解放を喜び、奴隷制度がすぐに地上の廃れた暴政の中に分類されるという希望を述べるならば、その文章は巧妙にその不快な節を取り除けられる。最近、外部からの要請の圧力のもとで小冊子協会《トラクト・ソサエティ》は奴隷制度の悪とそこから生ずる義務を扱う一連の論考を出版することに決定したが、この決定が実施されることは絶えてなかった。南部キリスト教徒はこの主題に対してあまりに敏感なので、この路線は彼らを社会からの切断に導き、南部はもはやその活動の場にならなかったことだろう。ひき続いた集会と嵐のような討論の後、委員会は以前の方針に立ち戻った。第一に、その臆病な振る舞いと認知された悪への不介入という原理を非難しないことは不可能である。しかし、社会は最初の諸決定に阻まれているとはいえ、その実践は、若干の情状酌量的な考慮を容認するかもしれない。

第二に、世俗的なものが富の欲望と顕示の愛好の形式のうちにアメリカの諸教会の中に入っていくことが観察され得るということだ。これはしばしば贅沢にお金をかけて建設され、ふんだんなステンドグラス、豊富な彫刻、絵画や透かし彫り、大理石の祭壇、――手短に言えば、目を惹きつけ紛らわすすべてのものを備えた崇拝のための大建築物の数々により立証される。諸教会の多くで歌うことは芸術的には非常に美しいが礼拝の一部としてはそうではなく、プロの歌手が多大な費用をかけて雇われるが、彼らは公演への会衆の干渉を快く思わない。立派な邸宅、素晴らしい馬車や家具、お金が掛かった流行の衣服への偏愛もまた諸教会――特に監督派《エピスコパリアンズ》教会の中に――見られ、その程度たるや、世間からの分離、我らが救い主が熱心にそれから逃れるように説く「肉の欲、目の欲、生活のおごり」(ヨハネの手紙一、二・一六)からの離脱と両立しないものである。使徒となるより百万長者の評判を望んでキリスト教の告白をする多くの人がいることを、私は信じる気になりかかっている。さらにまた、見せびらかしの愛好は、幾つかの会衆が彼らの聖職者の雄弁さを互いに競い合うことによっても明らかにされており、場合によっては修辞に対して他のもっと有益な資質に対してより高い俸給が与えられる。人々は立派な説教に誇りを持ち、聖職者の能力について見知らない聴衆から褒め言葉を絞り出すとき、その聖職者を自分たちが選出したことについて自己満足を感じる。幾らかの人々が想定するのとは異なって、偉大な共和国には社会的な平等はない。社会はそこでは社会的、知的親近性によって統制されている――これは私が信じかけている最も合理的な規則である。だが、さらなる批判として言わなければならないが、私は幾つかの場所、特に最も人口の多い都市のひとつで、同じキリスト教会の会衆たちの間でまさにその友愛の欠如、生まれ・身分・富のほとんど一貫性のない誇りを目にしたのだと言わなければならない。

さらに、正統派諸教会における教義の標準は厳密に聖書に基づいているが、宗教界のある派では、若者たちに有害な影響を及ぼすことを計算に入れた教義上の間違いに対する一種の誤った寛容さがある。この誤謬への寛大さの原型的模範はヘンリー・ワード・ビーチャーに見られるが、彼はそのキラキラ光る『人生の思索』と雄弁な講演において、次のように書く詩人（アレキサンダー・ポープ）と自らを同一視する――

信仰の諸形式については正気を失った狂信者たちの戦いに任せておこう、／その人生が正しさの中にある者は間違うはずがない。

また、私は非常に多くのキリスト教徒は子どもたちの宗教教育をあまりに他人に頼り過ぎていると思う。安息日学校とバイブルクラスは称賛すべきものであるが、しかし、それらは家庭での訓育、家族で聖書を読み、聖書の物語を単純な言葉で語ること、幼子についてキリスト教徒の母親が過ちと悲哀について簡単に祈ること——これらは、有徳の男女を訓練し、真の政府の基礎であるところの父親の権威を支えるために他の何にも増して資するものだ——に取って代わるというよりむしろ、それを補足するように企てられている。確かにアメリカ人の特性を性格づけている興奮を好むことと落ち着きの無さは、若者において沮喪《そそう》させられるというよりは促進され、多くの外国人が観察したところの、子どもたちおよび若者たちの間の軽薄さと極端な独立心は、私には、完全な家庭での規律と宗教的教育の欠落に起因するように思われる。諸教会における欠点が他にもあるが、それらはアメリカ人というよりも人間の本性に固有のものである。イギリスには、アメリカの宗教システムは高圧的な原理に基づいていて、興奮はそれらの目立つ姿のひとつであるという考えがある。しかし、もしそれが非難の意味で言うのならば、私はこれには賛成する気にはなれない。私は、多くの宗教心のある人々が「高圧」および「興奮」として烙印を押すものは、単に、活力、熱心な福音主義的努力、進歩的展開という意味があるのみだと考える。つまり、実際、多くの点で欠陥を有するひとつの事態を意味するのであるが、しかしそれは多くの人がイギリスで望んでいることなのだ。イギリスとアメリカの結びつきはあまりに緊密過ぎてはいけないし、アメリカにおける宗教の状況に関する新しい情報が我々の間で広がるにつれて、我々の共感が喚起され、我々の活力が覚醒され、大西洋の両側で「主は一人、信仰はひとつ、洗礼《バプテスマ》はひとつ」（エフェソの信徒への手紙四・五）を奉《ほう》ずる人々が福音主義の努力においてさらに強くひとつに合体するだろう。

結　論

私はこのささやかな本に着手するにあたって、「全く情状酌量せず、全く悪意にとらずに」と決めていたのだったが、それでも互いに反対側の二つの方面から非難を受けるだろうことは疑いない。イギリスの読者の中には、イギリスの新聞で折り折りに配信されるアメリカでの信じられないできごとについての知識から察して、私がそれをバラ色《クルール・ド・ローズ》に描いたと思う者もいるだろうが、他方、アメリカの他の者たちは、多くの主題について偏見を持って書き、奴隷制度の主題については実際に敵意を持って書いたと責めるだろう。我がイギリスの批評家たちは、私がただ諸教会とその影響について書いたのであって、社会を一般的に描くのは私の意図ではないということを理解しなければならない。それでも、次のように示唆する。すなわち、社会とそれを支配する道徳規範を、シックルズの悲劇によって、あるいは死を伴う決闘ないしはアーカンソーとテキサスの荒野における私刑法《リンチ・ロー》の執行によって判定するのは公平ではない、というのは、それは外国人がイギリス人の行状を我が国の巡回裁判や警察の報告書から判断するのと同断だからだ。財産は合衆国ではどこでも安全であり、すべての平和的市民の生命もそうだ。こうした結果はすべての律法の目的であるが、それは、ヨーロッパ程もある広大な地域にまばらに入植した領土の中に主として宗教の影響によって生じさせられたものだ。私は大西洋の向こう側の友人たちにこう応える——私は彼らに対して、以上で述べた何ものに対しても何ら謝罪するものはなく、また彼らが正直な批判より卑しい追従と見境のない称賛をより好きだと信じる以上に大いに彼らを高く買っている、と。アメリカと私を結びつけている紐帯は数多くかつ神聖であり、私は心から、アメリカがそれをもって祝福された善き諸事物に対する感謝の念でかの国を愛するすべての人々と結びついている。わずかな欠点の数々に関しては、本当に諸教会を知っている人々は私に賛意を示すだろうし、また私は、全真理を書こうと努めてそれらをすべて指摘したのだ。奴隷制度——これについては、私はそれ自体として非とされるような事柄としてきっぱりと非としてきた——は、すべての誠実なアメリカ人は私に合流して、少なくともそのような弱さの要素が国の強さの下に横たわっていることを遺憾に思わなければならず、また、遠からずしてアメリカの奴隷制度は地上の時代遅れの暴政に組み分けされ、共和国の星をちりばめた国旗が自由そのもの以外の何ものの上にもはためいていないことを冀《こいねが》わなければならない。現在のアメリカの状況は年々、より大きな関心をこの国に引き寄せており、より親密な感情がイギリスと共和国の間に湧き上がってきつつあり、ここから実際的な善が結果するはずである。古い嫉妬の感情の炎がより大きな信仰とより包括的な寛容の前に死に絶えつつある。イギリスはタイコンデロガやサラトガ[82]を、多数回の敗退戦と自軍の最終的降伏を、忘れつつある。そしてアメリカは、太陽の決して沈まぬ一帝国の栄光を汚《けが》す欲望を持つことなしに、大英帝国の太鼓の轟を聞いている。どちらの国家も同じ使命――キリスト教と平和で、自由と啓蒙で世界を祝福する――を持っている。神の御加護でより神聖でない対抗が両国の間に決して存在しませんように！　イギリスの繁栄はアメリカには尊いものだ。我々の不運が全国民の心を同情で震え上がらせ、我々の勝利が大西洋の岸からロッキー山脈まで、誇りの鼓動を作りだす。荒れて吠える大西洋の大海原自体が互いの同情と祈りによって架橋され、共通のキリスト教と共通の使命は共通の商業的利益以上により緊密に合同の絆を固めている。

アメリカに向かっては現在、かつていかなるもうひとつの中心についても生じなかったように、――すべての民族、言語、諸傾向が引き寄せられている。真理の強さと光の中に植え付けられたアメリカの諸教会は再改革も殉教者の血による清めも必要としなかった。彼らが置かれた好ましい状況に助けられて、彼らはキリスト教の真髄を、キリスト教世界の他のいかなる部分におけるよりもより明確に限定された目的とより大きな成功の約束をもってしっかりと把握してきた。過去の遺産を刈り取っている間に迷いから解放されている彼らには、強大で責任ある使命が与えられている。キリスト者の信仰による社会改革――キリストの王国への社会の転換――は偉大な仕事であり、この中にこそ人類の全歴史の目的と総計は見出されるべきである。この点は、今日のアメリカでそうであるようには、これまで一度も提起されなかったのだ。もしこれまでの諸教会とその影響に関する概説がいやしくも正しいとするならば、その国がそれに対してその歴史の草創期に捧げられた信仰が今や、政治的腐敗、多神教の誘惑、異教徒の宣伝拡張、彼および彼ら双方を打ち倒すよう運命づけられたあの福音の道行きに悪の力が置いているその他すべての障害にもかかわらず、全国土を通じてその拡張を以て進み続けているのが見られるはずだ。アメリカは、神の人類に対する意図を遂行して、諸帝国の中で急速に顕著さを我がものとし続けている。そして、確かに変わりやすい人間の運命の中で我々は変わらない計画の確かな命令を読みとっているとはいえ、上述のような諸状態の進展下にあって我々は、同じだけ確実に辿ることができるのは、まだ時が始まる前に命令された一王国の、時間がもはや無いときに達成さるべき、急ぎはしないが、しかしたゆみない進歩であり、地上の諸君主制の打倒が達成される日の接近、そして専制的な支配の振るう王笏の前に地上の諸共和国が屈服し、世界帝国の王冠は我が主イエス・キリストの頭上におかれるはずであるが（ヘンリー・タリジ『聖書の勝利』一八六三）、彼についてはいまだ失敗したことのない預言の確かな言葉で記録されている。すなわち、すべての口が異口同音に彼が父なる神の栄光に対する主であると告白するだろうと。（完）

訳者あとがき

本書はイザベラ・バードの一八五七年夏から一八五八年四月にかけての信仰復興運動のアメリカ合衆国全土に亘る調査の記録である。それだけではなく、この旅行に先立つ一八五四年六月から一二月にかけてのカナダ・アメリカ合衆国旅行の体験も加味した記述である。よってこの旅行の前年一八五六年に出版されたその体験記『イギリス女性のカナダ・アメリカ旅行』（本書訳者らにより刊行）との重複も見られる。この二つの旅行の背景には一〇代のころから悩まされ生涯続いた背骨の病気の悪化に対処するため旅行するようにとの医師の勧めがあった。

当時、アメリカでは信仰復興の大覚醒が進展しており、彼女の父エドワード・バード（一七九二〜一八七八）はこれに深い関心を示し、二五歳の彼女を再びアメリカに送り出したのだった。父の期待に応えようと、彼女は公正で偏見のない推論を得るために宗派の別を問わず総ての宗教集会に行き、一三〇を下らない説教に出席して、多様な教会における外的発展、また国民的特性および教育から見られるその内的発展を徹底的に調査した。

この旅行からイザベラが戻ったのは一八五八年四月三日であった。この日父エドワードはインフルエンザに罹り、五月一四日に亡くなった。


彼女の父エドワード・バードは英国教会の牧師であった。彼はケンブリッジを卒業後、ロンドンのジョージ・スティーヴン卿のもとで法律を学び、その後妻のエンマを伴ってインドへ向かい、カルカッタの最高裁判所の法廷弁護士として実務に就いた。しかし翌年、妻がコレラで亡くなり、彼の名を受け継いだ男児エドワードも三年後に熱病で亡くなり、この痛手から仕事を辞めて一八二九年にイングランドに戻った。バード家はチェスターの主教、ウィンチェスターの主教からさらには英国教会の大主教になった人物を輩出している家系で、妹のエリザベスは聖職者のJ・ハリントン・エヴァンズ師と結婚しており、この義弟はかつて彼に熱心に聖書を読むことを勧めていた。エドワードはイングランドに戻った翌年一八三〇年にヨークシャーのバラブリッジで牧師補として聖職者への道を歩み始めた。この年ここで牧師の娘であったイザベラの母ドーラ・ローソンと結婚、翌年生まれたのがイザベラ・バードである。生後三ヵ月で彼女は父の手により幼児洗礼を授けられた。

続いてメインヘッドへの転勤、ここで男児エドワードが生まれるが亡くなり、彼は自分と同じ名の二人のエドワードを失ったのだった。いとこのチェスター主教のバード・サマー博士がチェシャーのタッテンホールでの静かな生活を提案し、一八三四年に牧師として赴任、ここで生まれたのがイザベラの手紙の受け手として知られている妹のヘンリエッタである。

エドワードは熱心な安息日遵守の推進者であったが、生乳を扱うタッテンホールの周りのチーズ製造の地区では彼の安息日厳守に対する不満が生じ、一八四二年にバーミンガムのセント・トーマス教会に移ったが、ここでも日曜日に商店主に安息日を遵守させようとするエドワード牧師と商店主たちの対立は深まり、遂には群集が待ち伏せして石、泥を投げつけ、侮辱を加えるという事件が起きた。一八四八年に職を辞して静養の後、同年の秋イザベラ一六歳の時にハンティンドンシャーのウィトンの教区に赴任した。そしてエドワードが亡くなったのもこの地である。

彼女を合衆国へ送り出した父の思いがけない死に、この書『アメリカ合衆国における宗教の諸相』は大きな影響を受けている。安息日遵守に対する記述は多く、これを厳しく守るニューイングランドのピューリタンへの称賛に惜しみはない。

本書の記述には安息日、学校教育、まだキリスト教の浸透していない極西部における宣教の柱に加えて、もう一本の大きな柱がある。それは奴隷制度廃止に関するものだ。

ここでもまた、彼女の家系についての記述が必要だ。イギリスの高名な奴隷廃止論者であるウィリアム・ウィルバーフォース（一七五九～一八三三）が彼女の親戚なのだ。ウィルバーフォースの息子によって書かれた伝記『アメージング・グレイス』は映画化されて今日でも多くの人の記憶に新しい。時の首相ウィリアム・ピット（小ピット）の親友であった彼は、国会議員（最初はハル選出、後ヨークシャー選出議員）として首相の協力を得て、英国の奴隷貿易廃止法案成立に大きな力を残した。ウィルバーフォースとバード家の繋がりは彼女の曾祖父の時代に遡る。ロンドン市の助役であったジョン・バードはジュディス・ウィルバーフォースと結婚、ロバート・サマー師と結婚した彼らの長女ハンナ・バードの長男ジョン・バード・サマーはチェスターの主教となり、英国教会の大主教に上り詰めた。次男はウィンチェスターの主教となった。これら主教の自宅をイザベラはロンドンの定宿としていた。

イザベラの祖母ルーシー・バードはこれらの主教たちの母ハンナ・バードの妹である。ルーシーは従兄のロバート・バード（母方の祖父はロンドン市長であったジョージ・マーチンス卿）と結婚。このロバート・バードがイザベラの祖父である。イザベラの父エドワードはバード家のロバートとウィルバーフォース家のルーシーとの間に生まれた第三子である。さらにイザベラの叔母はハルのウィルバーフォース家のロバート・ウィルバーフォースと結婚していて、この二人は偉大な奴隷解放者ウィリアム・ウィルバーフォースの両親だった。バード家とウィルバーフォース家は幾重にも結婚により結ばれていた。

ウィリアム・ウィルバーフォースはその生涯を福音主義の奴隷貿易廃止論者《アボリショナリスト》として生き、国会議員として一七九一年に奴隷貿易廃止のための議案を提出して以後、議会にこの問題に関して何度も動議を提出し続けた。彼の盟友クラークソンはクエーカー教徒であり、一八、一九世紀のイギリス議会に足を踏み入れることはできなかったのでペンを取り続けた。

一八二三年の「西インド諸島の黒人奴隷のための、大英帝国住人の宗教・正義・人道へのアピール」の中でウィルバーフォースは、奴隷たちの道徳的・精神的状況は、奴隷制度から生じるものとし、奴隷の全面的な解放こそ、道徳的・倫理的に正当化される神の前の国家的義務である、と主張した。この主張はイザベラ・バードのこの書の主張とも通じるところがあるものである。

イギリスではアメリカより一足先に奴隷制度の廃止法案が通っていた。即ち一八〇七年のイギリス帝国全体での奴隷貿易を違法と定めた奴隷貿易法、一八三三年の奴隷制度廃止法の成立である。これにより、イギリス植民地における奴隷制度は違法とされることとなった。このことが本書に見られるカナダあるいは大西洋へと逃れ出る黒人たちの自由への道の背景にある。
一八五〇年にアメリカ合衆国で逃亡奴隷取締法《フュージティヴ・スレイヴ・ロウ》が通過すると、北部はこの法律に憤《いきどお》った。反奴隷制度派は「秘密な地下の鉄道の駅」(個人の家)を経由して自由の天地、英国領のカナダへと逃げる手助けをした。この地下鉄道の「車掌」の一人であったハリエット・ビーチャー・ストウ(ストウ夫人)は、一八五一年から一八五二年にかけて、逃亡奴隷の運命を記した『アンクル・トムの小屋』を奴隷制度廃止派の雑誌に連載していたが、一八五三年三月二〇日に単行本となって出版され、反奴隷制度の世論の形成に寄与した。後にリンカーンは「大きな戦争を起こした小さな婦人」として彼女に敬意を表した。

話を本書に戻そう。イザベラ・バードのこの旅行の年は一八五七~五八年にかけてである。一八六一年に始まる南北戦争はもうそこまで来ていた。というより、すでにカンザス準州とミズーリでは「流血のカンザス」(本書では原著に従って「炎と血の洗礼を受けたばかりのカンザス」)と呼ばれる南北戦争の前哨戦が始まっていた。準州という言葉が示すように、カンザス準州は合衆国に加盟するにあたって自由州となるか奴隷州となるかを巡ってもめていた。一八五四年から一八六一年にかけて、自由州を増やしたい奴隷制度反対派はコネチカットの教会で寄付を募りカンザスにいる北部人に武器を送った。本書にたびたび登場するヘンリー・ウォード・ビーチャー（前記ストウ夫人の弟）はその説教壇から奴隷所有者たちに対して「小銃は聖書よりはっきりものを言う」と言い、これは「ビーチャーの聖書」と呼ばれた。一方隣接するミズーリでは奴隷所有者たちがカンザスの投票権を得るために奴隷を売った金で三〇〇人の集団（境界の悪漢）を組織してカンザスに送り出した。両者は互いに武器を持って争った。さらに一八五六年合衆国上院において、サウスカロライナ州選出の民主党下院議員プレストン・スミス・ブルックス（奴隷制度擁護派）がマサチューセッツ選出の上院議員チャールズ・サムナー（反奴隷制度派）を杖で襲い意識不明になるまで殴り続けるという事件が起こった。また五〇歳にして熱狂的廃止論者となったジョン・ブラウンは五人の息子とその仲間と共に無差別に奴隷所有者たちを殺した。まさに「流血のカンザス」だった。

イザベラ・バードが合衆国に到着する前の三月六日、連邦最高裁判所の裁判長ロジャー・トーニーは、かつて自由州にいたことを理由に解放を求めて提訴していたドレッド・スコットに対して「黒人には白人に尊重される権利は無い」として不利な申し渡しをした。この判決は擁護派には奴隷制度に対する法的擁護を与え、反奴隷派からは猛烈な攻撃を受けることになった。イザベラ・バードが宗教復興の調査に上陸した新世界は南部と北部の経済的背景とも相俟って、回避できない南北戦争へと向かい始めていた。

かつての合衆国の東部、南部、西部という三大地域区分（本書では北部、南部、西部に区分）は北部と南部の二つに分かれつつあった。一八六一年三月四日エイブラハム・リンカーン大統領が誕生し、この国はやがて南北戦争を体験、そして奴隷解放により真の自由の国になる。彼女は問う「教会は奴隷制度に対していかなる立場を取るべきか」と。本書はありとあらゆる人種と言語の混沌とするアメリカ合衆国の形成の過程で宗教がいかに深く人々と関わり、行動と道徳の規範を形成してきたかを記し、宗教的、政治的自由の天地を求めた時代から西部の金鉱へと向かった黄金狂時代、アメリカがすべての人間にとって真の自由の国となるための南北戦争の過程の中で、宗教の果たした、あるいは果たすべき役目を改めて考えさせられるものである。

また、このアメリカの建国以来の宗教との関わりは、現代のアメリカの政治文化の理解がそれ無しには不可能な重要な要因であると示唆してもいるのである。

日本英学史学会会員で桃山学院資料室の西口忠氏にキリスト教用語の校正をお願いした。また日本英学史学会会員の三好彰氏には写真を提供していただいた。

なお、本書の出版に当たっては中央公論事業出版の増田岳史氏および神門武弘氏の懇切なる助力に負っている。記して感謝する。

カナダ
メキシコ
ワシントン
1889
モンタナ
1889
ノースダコタ
1889
ミネソタ
1858
オレゴン
1859
アイダホ
1890
ワイオミング
1890
サウスダコタ
1889
ウィスコンシン
1848
ミシガン
1837
ネヴァダ
1864
ユタ
1896
コロラド
1876
ネブラスカ
1867
アイオワ
1846
イリノイ
1818
インディアナ
1816
オハイオ
1803
カリフォルニア
1850
カンザス
1861
ミズーリ
1821
ケンタッキー
1792
ウェストヴァージニア
1869
ヴァージニア
アリゾナ
1912
ニューメキシコ
1912
オクラホマ
1907
アーカンソー
1836
テネシー
1796
ノースカロライナ
サウスカロライナ
ミシシッピ
1817
アラバマ
1819
ジョージア
テキサス
1845
ルイジアナ
1812
フロリダ
1845
ニューハンプシャー
ヴァーモント
メイン
1820
ニューヨーク
マサチューセッツ
ペンシルヴァニア
ロードアイランド
コネチカット
デラウェア
メリーランド

アメリカ合衆国の州とその成立年代

【訳注】

1 ダニエル・エドガー・シックルズ（Daniel Sickles 一八一九〜一九一四）：南北戦争の北軍の将軍、政治家・外交官。妻の愛人でフランシス・スコット・キーの息子のフィリップ・バートン・キーを殺害。弁護にアメリカ史上最初の一時的心神喪失が用いられた裁判で無罪とされた。

2 本書の初版は一八五九年。アメリカのグレイト・リヴァイヴァル調査旅行は一八五七年。

3 ロバート・ベアード（Robert Baird 一七九八〜一八六三）：*Religion in America,* 1856, Harper & Brothers, Publishers. 長老派牧師、欧米の福音主義的プロテスタントの連携を提唱。

4 *The March of Empire: frontier defense in the Southwest, 1848-1860* by Averam Burton Bender, Published in 1968, Greenwood Press（New York）を参照されたい。

5 Plymouth Rock：マサチューセッツ州プリマスにある岩、一六二〇年巡礼始祖《ピルグリム・ファーザーズ》がそこから上陸したと伝えられる（下写真）。

6 ジョン・ウィンスロップ（John Winthrop 一五八八〜一六四九）：マサチューセッツ湾植民地の指導者で総督。ボストンを建設。

7 ジョン・ウィンスロップ・ヤンガー（John Winthrop the Younger 一六〇六〜七六）：ジョン・ウィンスロップ（前注）の息子、コネチカット植民地提督。

8 マサチューセッツ憲法（Constitution of Massachusetts 一七八〇）：ヴァ

プリマス・ロック（撮影：三好彰〈日本英学史学会会員〉）

ージニア憲法（The Virginia Bill of Rights 一七七六）とともに初期各州憲法の双璧とされる。『人権宣言集』岩波文庫、一九七三、pp.105-117参照のこと。

9 ここでは、ピューリタンが断じて禁じた「生活の華美」を象徴すると考えられる。聖書における絹は華麗な衣装を指すが、材料は明らかでない。エゼキエル書一六・一〇、一三、ヨハネの黙示録一八・一二、バビロンの贅沢な交易品のひとつとしての引用。参考『新聖書大辞典』キリスト教新聞社、一九八二版。

10 一六四二～四九年の英国内乱当時、王党派（Cavaliers）に敵対した清教徒を示す。彼らは頭を短く刈っていたことからラウンド・ヘッドと呼ばれた。

11 原文はthe Episcopal Church（米国聖公会《エピスコパル・チャーチ》は米国独立後の名称）。

12 初代ダンディー子爵ジョン・グラハム・オブ・クレーヴァーハウス（John Graham of Claverhouse, 1st Viscount Dundee 一六四八～八九）：スコットランドの貴族・軍人。ステュアート朝に仕えジャコバイトに与して名誉革命政権に反乱を起こし、死後は麗し《ボニー》のダンディーと称された。流血《ブルーディー》のクレーヴァーズとも呼ばれる。

13 ウィリアム・ロード（William Laud 一五七三～一六四五）：カンタベリー大主教。チャールズ一世の専制政治を支援。僧正のリストを作成、Oは正統派《オーソドックス》、Pはピューリタン（清教徒）の印をつけて、Oの印の者のみを教会の重要な椅子に付けた（アンドレ・モロワ『英国史』下巻、新潮社、p.409）。最高法院を後盾として大学と僧正の粛清をした。ピューリタンの私的礼拝堂を閉鎖し、彼らの信心深い集会を禁止した。清教徒の多くはチャールズ一世とロードに絶望してアメリカに移住すべく決断、彼らのうち二万人を超える者が「メイフラワー」号の巡礼に加わった（同上p.413-4要約）。

14 メリーランド植民地の建設の立役者であるアイルランド貴族院議員の第二代ボルチモア男爵、シラス・カルバート。メリーランド州知事。爵位の名の由来の「ボルチモア」はアイルランド南部コーク州にある都市「ボルチモア」に由来する。ボルチモア市の名前は男爵の名からとられた。

15　一七二九年南北二州に分かれた。カロライナは英国王チャールズ二世が父チャールズ一世にちなんで命名。

16　Charles II（一六三〇〜八五）：王政復古でクロムウェル後の王となった。治世のはじめ議会に信教自由令を強制しようとしたことがあったが、彼の治世中に彼の意に反して「国教信奉宣誓条例（テスト・アクト）」が施行されて、王の至上権と英国教会への忠誠を誓わない者を一切の公務から排除、旧教徒の上院議員は議会から去らねばならなかった（『英国史』下巻、p.474）。

17　ジェイムズ・エドワード・オグルソープ（James Edward Oglethorpe 一六九六〜一七八五）：英国の将軍。ジョージア植民地の創設者。

18　ジョージアとサウスカロライナの州境を南東に流れて大西洋へと注ぐ川、ジョージア州東部の海港。

19　The "Empire State" of New York：ニューヨーク州の俗称。Empire State of South：ジョージア州の俗称。

20　ウィリアム・ペン（William Penn 一六四四〜一七一八）：クエーカー教徒。一六八二年ペンシルヴァニア（ペンの森の意）植民地を開き、同時に〈Free Society of Traders of Pennsylvania〉を作り憲法を制定した。この憲法は近代憲法の基礎概念となった信教の自由を明確に記して歴史的意義をもつものであった。巡回伝道者としてクエーカーの立場を宣べ伝え、著書を通してクエーカーの教理を明らかにした。

ウィリアム・ペン

21　ルイジアナの南東部、ミズリー河畔の港湾都市。ストウ夫人（注46）の『アンクル・トムの小屋』は、自身のオハイオでのケンタッキーから逃れてくる黒人奴隷を世話する「地下の鉄道」にたずさわった経験と弟ヘンリー・ワード・ビーチャー（注51）のニューオーリンズにおける見聞をもとに書かれた。

22　一八五六年、奴隷州ミズーリの西隣に位置するカンザス准州（原文はstate）が将来自由州となるか奴隷州となるかを巡って南部からの移住者と北部からの移住者の対立から二つの准州政府が出来、大混乱となった。同年五月一九、二〇日、ウィリアム・カントリル率いるミズーリの「境界の悪党」約三〇〇人はその数を増やしつつカンザスの奴隷廃止論者の中心地ローレンスに向かい、町を焼き、男性住民を殺傷した。数百の住宅、一五〇人の死亡者、三〇人の負傷者が出た。

　これに対して、熱狂的奴隷反対論者ジョン・ブラウンらが報復、報復者と「境界の悪党」による「カンザスの南北戦争」は連邦軍隊が双方を鎮圧するまで続いた（参考「新大陸と太平洋」『世界の歴史』一一、中央公論社、一九六一）。

23　ジョン・ウェスリー（John Wesley 一七〇三〜九一）によって創設された教派。一七三九年オックスフォード大学において弟Charles（一七〇七〜八八）らと起こした宗教運動に起源を持つ。メソジスト教会。

24　Tunkers または Dunkers（German Baptist Brethren）：アメリカのドイツ・バプテスト同胞教会の信者。誓言や兵役を拒否し簡素な生活をする。

25　一五二三年スイスで起こる。幼児洗礼、宣言、公職就任、兵役に反対する。オランダ人Menno Simonが主唱者。

26　カンバーランド：テネシー州とケンタッキー州にまたがる「カンバーランド」と呼ばれる地域。一八一〇年、米国長老教会から分離して出来た教派で、この地域で活動を始めた。

　アメリカでは一八一一年からアパラチア山脈の西の諸州と東部を結ぶ国道（連邦政府）建設が始まった。

ボルチモアを起点としてオハイオ、イリノイに達する全長六〇〇マイルにわたる国道。アメリカの東西を結ぶ国道として郵便馬車が通り国道沿いに多くの旅館などが作られた。

27　この本の出版後、一八五八年にアソシエイト長老教会とアソシエイト改革長老教会は合同して北米合同長老教会となる。さらに一九五八年に米国長老教会（一七〇六）と合同。

28　エマヌエル・スウェーデンボリ（Emanuel Swedenborg　一六八八～一七七二）：スウェーデンのバルト帝国出身の神秘主義者、科学者、政治家、思想家。

29　ジョナサン・エドワーズ（Jonathan Edwards　一七〇三～五八）：ニューイングランド会衆派牧師。ノーサンプトン教会の牧師時代、信徒の間に支配的だったアルミニズム的傾向に抗して神の絶対的主権を強調する立場を取り、教区教会化しつつあった会衆派教会において回心者のみが聖餐にあずかる資格を有すると主張、一七三四年から翌三五年にかけてこの地方に信仰復興運動をまきおこした。一七四〇年代の大覚醒運動の指導者・神学者、プリンストン大学第三代学長。*Freedom of Will*（一七五四）『怒れる神の御手の中にある罪人』［飯島徹訳、CLC出版］。メソジスト派の創始者ウェスリー（注23）はジョナサン・エドワーズのアメリカにおける覚醒の報告書を読んで影響を受けた。

30　ジョン・バニヤン（John Bunyan　一六二八～八八）。

31　アリウス派：キリストの神性を否定したアレキサンドリアの聖職者アリウス（二五〇頃～三三六頃）の教義を信奉する古代キリスト教の一派。三位一体論に敗北し異端とされた。

32　ソッツィーニ派：イタリアの一六世紀の神学者レリオ・ソシヌス（ソッツィーニ）と甥のファウスト・ソシヌスの唱えた説を信奉する。三位一体・キリストの神性・悪魔の人格・人間の現在を否定した。

33　ウィリアム・エラリー・チャニング（William Ellery Channing　一七八〇～一八四二）：ユニテリアン派牧師で神学者、作家。

34　一六三六年John Harvardの創立によるアメリカ最古の大学、マサチューセッツ州ケンブリッジ（大学設置にあたりケンブリッジと街の名を改称した）にある。
35　ヘンリー・ワズワース・ロングフェロー（Henry Wadsworth Longfellow 一八〇七〜八二）：米国の詩人。
36　ジェイムズ・ラッセル・ローウェル（James Russell Lowell 一八一九〜九一）：米国の詩人、文明評論家、外交官。
37　ジャレッド・スパークス（Jared Sparks 一七八九〜一八六六）：米国の歴史家、一八一九年ユニテリアン派牧師になったが、二三年職を辞して*North American Review*誌において文筆活動。一八三九年ハーヴァード・カレッジから招かれてアメリカ最初の歴史学科を設け、自ら教授として歴史学を講じた。一八四九年から五三年までハーヴァード・カレッジ総長の地位にあった。
38　サイラス・パース（Cyrus Peirce 一七九〇〜一八六〇）：米国の教育家、ユニテリアン派牧師。
39　リチャード・ヘンリー・ダナ（Richard Henry Dana 一八一三〜八二）：米国の法律家、作家。*Two Years Before the Mast*（一八四〇）。
40　オリバー・ウェンデル・ホームズ（Oliver Wendell Holmes 一八〇九〜一八九四）：米国の生理学者、詩人、随筆家。
41　ラルフ・ワルド・エマーソン（Ralph Waldo Emerson 一八〇三〜八二）：米国の評論家、詩人、哲学者。*Essays*（一八四一、一八四四）、*Representative Men*（一八五〇）。
42　エマーソンの提唱した精神的、直観的、超感覚的宇宙観。エマーソンはマサチューセッツ州コンコード（ボストンの北西約三〇キロメートル）に住み、ソロー（一八一七〜六二『森の生活』）、オルコット、ホーソンらに影響を与えた。これらの人々の集まりは、カントの哲学に名を借りて近隣の人々によって「トランセンデンタル・クラブ」と名付けられた。彼らは「自然のなかに、また、個人のなかに神が内在するものとして、個人主義と自己信頼の信念を発展させた」。

43 「わたしは、この書の預言のことばを聞くすべての者に証しする。もし、これにつけ加える者があれば、神はこの書物に書いてある災いをその者に加えられる」（ヨハネの黙示録二二・一八）。

44 セオドア・パーカー（Theodore Parker 一八一八～六〇）：米国の会衆派教会牧師、神学者、奴隷廃止論者。最初はユニテリアン神学に立ったが、後一種の超越主義に移り、キリスト教は直感によって得られる普遍的真理に根ざすとした。それはキリスト教を超えるものである。きわめて倫理的であり、宗教とは神との道徳的一致から生まれる道徳にほかならないとし、奴隷制度などの社会悪批判を激しく行った。

45 アンドルー・ジャクソン・デイヴィス（Andrew Jackson Davis 一八二六～一九一〇）の二著作。アンドルー・ジャクソン・デイヴィスは米国の心霊論者。靴職人の徒弟であった頃、心霊術に引き入れられ、いろいろの心霊能力を発揮した。*The Great Harmonia*（一八五〇～六一）。

46 ハリエット・エリザベス・ビーチャー・ストウ（Harriet Elizabeth Beecher Stowe 一八一一～九六）：*Uncle Tom's Cabin*『アンクル・トムの小屋』［奴隷制度反対機関紙に一八五一年六月から約一年間連載され、一八五二年にボストンで出版された］は奴隷解放運動を促進した。ストウ夫人は組合教会牧師ライマン・ビーチャーの娘で、奴隷売買がいかに非キリスト教的であるかを説いた。彼女の弟はヘンリー・ワード・ビーチャー（注51）。

47 ウィリアム・ロイド・ギャリソン（William Lloyd Garrison 一八〇五～七九）：アメリカの奴隷廃止運動の急先鋒。「アメリカ反奴隷制度協会」の創設者。奴隷全部の即時解放を要求する週刊新聞『解放者《リベレーター》』（一八三一～六五）の編集・発行者。

ストウ夫人

48 Cave of Adullam：一八六六年に自由党を脱退した党員団に与えられた名から脱党組を表す。由来はサムエル記上二二・一「ダビデはそこを出《で》て、アドラムの洞窟《どうくつ》に難《なん》を避《さ》けた」。
49 スティーブン・ヒギンサー・チング師（Rev. Stephen Higginsor Tyng 一八〇〇～八五）：監督派牧師。
50 ジョージ・バレル・チーヴァー博士（Dr. George Barrell Cheever 一八〇七～九〇）：作家、ユニテリアン派の牧師。
51 ヘンリー・ワード・ビーチャー（Henry Ward Beecher 一八一三～八七）：長老派牧師となったが、神学的非難を受け、一八四七年ブルックリンの会衆派のプリマス教会牧師となった。そこでの説教は *The Plymouth Pulpit*『プリマス説教集』と題する一〇巻の説教集となった。米国の熱心な奴隷解放論者、ストウ夫人の弟。
52 一八六〇年国勢調査による黒人数と一致。
53 アメリア・ジュンクス・ブルーマーの考案による婦人用ズボンの着用者。
54 ウェンデル・フィリップス（Wendell Phillips 一八一一～八四）：米国の演説家。ウィリアム・ガリソン（注47）の同調者で、ガリソンの後を継いで会長に就任。アメリカ反奴隷制度協会の使命は、南部の黒人が完全に政治的にも市民として平等を獲得するまでは終わっていないと主張。
55 Republican party：奴隷制反対をスローガンに一八五四年にホイッグ党を中心に結成された政党。北部資本家・西部農民を地盤とした。
56 チャールズ・サムナー（Charles Sumner 一八一一～七四）：マサチューセッツ州の政治家［上院議員］。反奴隷運動の指導者で、エイブラハム・リンカーンに協力。南北戦争の遂行を助けた。
57 マシュー・ハル（Matthew Hal 〇〇〇〇～〇〇）奴隷制度廃止運動の『クラリオン・オブ・フリーダム』紙の所有者・編集者。

58　パーカー・ピルズベリー（Parker Pillsbury　一八〇九～九八）：聖職者。奴隷制度反対と女性の権利の擁護をした。

59　ダドリー・チング（Dudley Tyng　一八二五～五八）：Rev. Stephen H. Tyng（注49）の息子。フィラデルフィアの監督派教会牧師。

60　Mason and Dixon's line（Mason and Dixon line）：一七六三～六七年に英国人チャールズ・メイスン（Charles Mason）とディクソン（Jeremiah Dixon）によって測量されたペンシルヴァニア、メリーランド、デラウェアおよびウェストヴァージニアの境界線。自由州と奴隷州の分介線とみなされた。

61　ジェイムズ・ブキャナン（James Buchanan Jr.、一七九一～一八六八）：第一五代合衆国大統領（一八五七～六一）。ペンシルヴァニア出身。ブキャナン大統領（民主党）はカンザスを奴隷州として連邦に加えようとしたが、ダグラス（一八一三～六一）に反対され断念。

62　カナダ南東部の川。当時イギリス領であったカナダにおいての奴隷制度廃止を念頭においている。イギリスではウィルバーフォース（Wilberforce）らの尽力により一八〇七年奴隷貿易禁止、一八三三年奴隷制度廃止（グレー内閣により奴隷解放法が成立）。

63　ドレッド・スコット（一七九五頃～一八五八）事件の判決。奴隷州であるミズーリ州で奴隷であったドレッド・スコットは、軍医である主人の転勤で自由州であるイリノイ州に連れて行かれた。再びミズーリに帰った主人はスコットを売ってしまった。このとき子どもたちと引き離されたスコットは、自由州に数年間居住したという理由で、もはや奴隷でなく自由であると主張したが、この裁判は連邦最高裁判所まで持ち込まれた。一八五六年、裁判長トーニーは、奴隷は合衆国市民権をもっていないから、市民としての権利のひとつである訴訟を起こす権利はない、従って裁判することそのものが無効であるとして、スコットの主張を退けた。

64　スティーブン・エリオット（Stephan Elliot 一八〇六～六六）：ジョージアの監督派教会初代主教。。

65　ウィリアム・ミード（William Meade 一七八九～一八六二）：米国の聖公会主教。一八二九年ヴァージニアの補佐主教。一八四一年主教、その後生涯その地位にあった。アメリカの南北分裂に反対であったが、ヴァージニアが南部州になるとアメリカ連合国の聖公会総裁主教となった。

66　ルイジアナ（一八〇三年ナポレオンから買収）、フロリダ（一八一九年スペインから買収）、テキサス（一八三六年アメリカ系移民メキシコから独立宣言、一八四五年合衆国に加わる）、アーカンソーなど最初の一三州の後に合衆国に加わった州を指す。

67　ヘンリー・アレクサンダー・ワイズ（Henry Alexander Wise 一八〇六～七六）：政治家、弁護士。

68　屋外で行われる集会、キャンプ・ミーティング（下図）。

69　ドレッド・スコットはかつて北部の自由州に居住していたことを理由に主人の死後、自由を得るために未亡人に対して訴訟を起こしたが、最高裁判所の主席判事ロジャー・B・トーニーは「憲法は白人だけのために作られたものであるから、黒人は全く権利を持たず、そして彼らは一種の財産であるから、連邦政府は彼らに対して何等の力を及ぼすこともできないとした。『アメリカ史』アンドレ・モロワ／鈴木福一訳　新潮文庫、一九五七年参照。

19世紀初頭の「森林の至聖所」の様子　Engraving of a Methodist camp meeting by Jacques Gérard Milbert, 1819, Library of Congress.

70 All Saints Margaret Street Church：オックスフォード運動賛同者によって一九世紀後半に建設された。

71 チャールズ・ペティト・マクルヴェイン（Charles Pettit McIlvain 一七九九〜一八七三）：米国の監督（聖公会）派教会主教、作家、上院付チャプレン。

72 チャールズ・グランディソン・フィニー（Charles Grandson Finny 一七九二〜一八七五）：長老派伝道者。信仰覚醒運動に名を残した。一八三五年オウバリン・カレッジの神学教授、学長（一八五一〜六六）。

73 ジョージ・ダフィールド（George Duffield 一七九四〜一八六八）。

74 注22参照。

75 樫の木がまばらに生えたところ。

76 一八三三〜四一年、オックスフォードでJohn Henry Newman, Pusey, John Keble, Hurrell FroudeなどがTract For the Times（Oxford Tracts）と題する九〇篇の論文によって、行きすぎた新教運動に反対して国教会とカトリック的教義の和解を鼓吹した宗教運動。

77 一九世紀に興った英国教会内の自由主義的な一派（低教会）。

78 キリスト教を信じる者は福音に示されている神の恵みの救済を受けるから道徳律から解放されると主張する信仰至上主義。

79 人類は結局全部救われるという神学説の信仰。神に選ばれた人のみが救われるというカルヴィニズムの予定説に対する。

80 ジョージ・ホワイトフィールド（George Whitefield、一七一四〜七〇）：英国のメソジスト教会創始者の一人。ウェスリらの信仰復興運動に参加。英国教会の執事に按手され、米国のジョージア州で伝道に従事した後、帰国。英国教会の形式主義を批判したため司祭按手を拒否され、野外説教師の道を選んだ。熱狂的な説教によって至るところで大群衆を集め、再度米国に渡って第一次大覚醒（一七三九〜四一）のきっかけを与えた。インディアンのための教育機関としてダートマス・カレッジを支援。

81 コリントの信徒への手紙一、八・一三 それだから、食物《しょくもつ》のことがわたしの兄弟《きょうだい》をつまずかせるくらいなら、兄弟《きょうだい》をつまずかせないために、わたしは今後《こんご》決《けっ》して肉《にく》を口《くち》にしません。（新共同訳、聖書協会、一九五二）

82 共にニューヨーク州：アメリカ独立戦争時の戦場。一七七七年七月イギリス軍がタイコンデロガ砦より高い位置にある陣地を占領したことにより、植民地軍は砦とその周辺の防御陣地から撤退、イギリス軍が占拠したが、植民地軍は九～一〇月のサラトガの戦い（フリーマン農場の戦いとベミス高地の戦い）に勝利、イギリス軍はタイコンデロガ砦を撤退した。この戦いでアメリカは独立戦争の勝利を決定的にした。

や行

ら行

わ行

な行

は行

ま行

さ行

た行

索　引

あ行

か行

著者略歴

イザベラ・バード
（Isabella Lucy Bird）

1831～1904。ヴィクトリア時代のイギリス人。世界の西洋人の行かないところを独りで旅するレディ・トラヴェラーで、女性で最初の英国王立地理学会特別会員となった。アメリカ・カナダ、オーストラリア、ハワイ諸島、日本、ペルシャ、インド、チベット、朝鮮、中国、ウラジオストック、モロッコを旅行して、その旅行記を残した。日本へはチャールズ・ダーウィンの勧めでやって来て、森有礼、新島襄などと親交を持った。英国公使館で会ったアーネスト・サトウとは生涯続く友情で結ばれた。来日前には「貧しい人々のための洗濯場」や「御者のための休憩所」設置運動に関わったが、日本旅行の後の旅では、アジアでの医療伝道病院の設立に力を尽くした。

訳注者略歴

高畑美代子（たかはた・みよこ）

弘前大学大学院地域社会研究科単位取得（博士課程）。日本英学史学会会員。

訳書：イザベラ・バード『「日本の未踏地」完全補遺』（2008、中央公論事業出版）、『イザベラ・バードの北東北』（2009、陸奥新報）。

論文：「イザベラ・バード（ビショップ夫人）の日本旅行記以後の日本との絆」『英学史研究』第42号（2009、日本英学史学会）、「イザベラ・バードの生前に出版された*Unbeaten Tracks in Japan*の4種の版における違い」『弘前大学大学院地域社会研究科年報』第7号（2010）、「イザベラ・バードの*Unbeaten Tracks in Japan*の4種の改訂版の意義」『英学史研究』第45号（2012、日本英学史学会）。

長尾史郎（ながお・しろう）

明治大学名誉教授（経済学専門）。

著書：『経済学の単語と文法』（1981、多賀出版）、『経済を囲むシステム』（1984、杉山書店）、『経済分析のABC―ミクロ経済学編―』（1988、ハーベスト社）など。

訳書：K.E.ボールディング『地球社会はどこへいく』上・下（1980、講談社学術文庫）、M.ポラニー『個人的知識―脱批判哲学をめざして―』（1985、ハーベスト社）。

アメリカ合衆国《がっしゅうこく》における
宗教《しゅうきょう》の諸相《しょそう》

2013年10月15日初版発行

著　　者　イザベラ・バード
訳　　者　高畑美代子《たかはたみよこ》・長尾史郎《ながおしろう》
制作・販売　中央公論事業出版
〒104-0031　東京都中央区京橋2-8-7
電話 03-3535-1321
URL http://www.chukoji.co.jp/

印刷・製本／藤原印刷

ISBN978-4-89514-406-3 C0016